척척박사

즉석 회화, 문법, 독해를 겸비한

Basic

일본어 첫걸음

TOKYO

일본어 실력을 척척 늘려가는 책!

▶ 혼자서 당장 일본어를 배울 수 있는책!
▶ 지금 당장 일본어가 쉽고 재미있어지는 책!
▶ 두번만 읽으면 당장 실력이 두 배로 느는책!

유 용 규 지음
인천대 일어일문학과 교수

太乙出版社

머리말

일본 문화 개방과 더불어 일본어 학습자가 증가하고 있지만 선뜻 이렇다할 교재를 선택하기란 그리 쉬운 일이 아니다.

선택기준은 각 개인마다 틀리겠지만 무엇보다 자신에게 알맞은 교재를 선택해야 한다는 점을 명심해야 한다.

첫 교재부터 너무 심도있게 학습하다 보면 이내 싫증이 나기 쉽고 진도도 뒤떨어지기 쉽다. 모름지기 제일 좋은 교재라면 반 이상은 이해할 수 있는 그런 교재여야 한다. 어학교재를 놓고 이해 운운한다는 것이 우습긴 하지만 그만큼 쉽고 재밌어야 한다는 뜻이다.

이 책은 그런 학습취지를 염두에 두고 만들어진 초급교재이다. 앞부분은 일본어 학습자가 알고 넘어가야 할 기초 필수사항을, 본문은 다양한 장면의 회화를 쉽고 간결한 어체로 초급 학습자들의 부담없는 학습이 가능토록 꾸몄다.

남의 나라 언어를 습득한다는 것은 쉬운 일이 아니다. 아무리 어순이 같은 일본어라 할지라도 예외는 아니다. 기본회화에서부터 관용적인 표현, 문화적인 요소까지 습득해야만 비로소 이루어진다고나 할까.

아무쪼록 이 책을 통해 일본어, 나아가서는 일본에 한층 다가설 수 있는 계기가 되길 진심으로 바라는 바이다.

著 者

차 례

제1부 日本語의 기초/*11*

제2부 日本語의 文法/*43*

차 례

회화에 자주 등장하는 표현

◙ どうぞ (도-조) 제발, 부디, Please

◙ なんですか (난데스카) 무엇입니까?

◙ すみません (스미마셍) 미안합니다. 고맙습니다.
　　　　　　　　　　　　사람을 부를 때

◙ お願いします (오네가이시마스) 부탁합니다

◙ ~を ください (오 구다사이) ~을 주십시오

◙ いくらですか (이쿠라데스카) 얼마입니까

◙ けっこうです (겍코-데스) 됐습니다. 괜찮습니다

◙ いかがですか (이카가데스카) 어떠십니까?

◙ ~て いただけませんか (~테 이타다케마셍카)
　　　　　　　　　　　　~해 주시지 않겠습니까?

◙ ~て ほしいんです (~테 호시인데스) ~하고 싶습니다.

◙ 何といいますか (난토 이마스카) 뭐라고 합니까?

◙ ~ても いいですか (~테모 이데스카) ~해도 좋습니까?

제1부
일본어의 기초

1. 일본의 글자

일본어는 「ひらがな」, 「カタカナ」, 「漢字」 이 세 가지를 이용하
여 표기하고, 각각 한음으로 이루어진 표음문자이며 어순도 우리
와 같아서 비교적 배우기 쉽다. 위의 「ひらがな」와 「カタカナ」는
일본 고유의 문자로 두 문자를 통틀어 「かな」라고 한다.

(1) ひらがな(히라가나)

한자를 간략화시켜 만든 글자로 일본의 기본글자이다. 따라서
인쇄, 필기의 모든 경우에 사용된다.

(2) カタカナ(가타카나)

한자의 일부분을 따거나 획을 줄여 간단하게 만든 글자로서 외
래어, 전보문, 인명, 지명, 의성어, 의태어 등과 문장이나 한 단어
를 강조할 때에 쓰인다.

(3) 漢字

일본의 한자는 속자에서 비롯된 新字体(신자체)로 보다 쓰기
쉽고 배우기 쉽도록 한 것이 특징이다. 현재 일본의 한자는 소학
교(초등학교) 996자 중학교 999자 총 1945자를 상용한자로 정하
여 가르치고 있다.

五十音図

일본의 「かな」를 발음체계에 따라 5단 10행으로 배열한 표

ひらがな(히라가나)

段 行	あ段		い段		う段		え段		お段	
あ行	あ	아 a	い	이 i	う	우 u	え	에 e	お	오 o
か行	か	카 ka	き	키 ki	く	쿠 ku	け	케 ke	こ	코 ko
さ行	さ	사 sa	し	시 si	す	스 su	せ	세 se	そ	소 so
た行	た	타 ta	ち	치 chi	つ	츠 tsu	て	테 te	と	토 to
な行	な	나 na	に	니 ni	ぬ	누 nu	ね	네 ne	の	노 no
は行	は	하 ha	ひ	히 hi	ふ	후 hu	へ	헤 he	ほ	호 ho
ま行	ま	마 ma	み	미 mi	む	무 mu	め	메 me	も	모 mo
や行	や	야 ya	い	이 i	ゆ	유 yu	え	에 e	よ	요 yo
ら行	ら	라 ra	り	리 ri	る	루 ru	れ	레 re	ろ	로 ro
わ行	わ	와 wa	い	이 i	う	우 u	え	에 e	を	오 o
ん行	ん	응 n								

カタカナ(가타카나)

行 ＼ 段	ア段		イ段		ウ段		エ段		オ段	
ア行	ア	아 a	イ	이 i	ウ	우 u	エ	에 e	オ	오 o
カ行	カ	카 ka	キ	키 ki	ク	쿠 ku	ケ	케 ke	コ	코 ko
サ行	サ	사 sa	シ	시 si	ス	스 su	セ	세 se	ソ	소 so
タ行	タ	타 ta	チ	치 chi	ツ	츠 tsu	テ	테 te	ト	토 to
ナ行	ナ	나 na	ニ	니 ni	ヌ	누 nu	ネ	네 ne	ノ	노 no
ハ行	ハ	하 ha	ヒ	히 hi	フ	후 hu	ヘ	헤 he	ホ	호 ho
マ行	マ	마 ma	ミ	미 mi	ム	무 mu	メ	메 me	モ	모 mo
ヤ行	ヤ	야 ya	イ	이 i	ユ	유 yu	エ	에 e	ヨ	요 yo
ラ行	ラ	라 ra	リ	리 ri	ル	루 ru	レ	레 re	ロ	로 ro
ワ行	ワ	와 wa	イ	이 i	ウ	우 u	エ	에 e	ヲ	오 o
ン行	ン	응 n								

※「か行」「た行」의 경우 첫음절과 2음절 이하의 음이 다름에 유의하자.
　첫음절 : か行 (ㅋ에 가깝게) た行 (ㅌ에 가깝게)
　2음절이하 : か行 (ㄲ에 가깝게) た行 (ㄸ에 가깝게)

2. 일본어의 발음

(1) 清音 (せいおん 청음)
세옹

かなに 탁점(오른쪽의 ˝ 표시)이 없는 글자. 발음시 맑은 소리,
가나

즉 성대의 울림이 없는 글자이다.

이 청음은 다시 母音(ぼいん 모음), 半母音(はんぼいん 반모음),
보잉   함보잉

子音(しいん 자음)으로 나뉘어진다.
시잉

㉠ 母音(ぼいん 모음)
보잉

あ い う え お의 다섯 글자가 여기에 해당된다.
아 이 우 에 오

㉡ 半母音(はんぼいん 반모음)
함보잉

や ゆ よ わ의 네 글자가 여기에 해당된다.
야 유 요 와

㉢ 子音(しいん 자음)
시잉

50음도 중 위 모음과 반모음을 제외한 모든 글자가 해당
된다.

か行, さ行, た行, な行, は行, ま行, ら行 등
가   사   다   나   하   마   라

🔊(2) 濁音 (だくおん **탁음**)
다쿠 옹

かなの 오른쪽 위에 탁점(˝ 표시)이 붙어있는 글자를 말하며
가나

청음의 발음과는 달리 성대를 울려 소리를 내주는 것이 특징이다.

이 탁음은 か, さ, た, は行에 붙는다.
　　　　　가　사　다　하

が 가 ga	ぎ 기 gi	ぐ 구 gu	げ 게 ge	ご 고 go
ざ 자 za	じ 지 zi	ず 즈 zu	ぜ 제 ze	ぞ 조 zo
だ 다 da	ぢ 지 zi	づ 즈 zu	で 데 de	ど 도 do
ば 바 ba	び 비 bi	ぶ 부 bu	べ 베 be	ぼ 보 bo

※전부 성대를 울려, 되게 발음하지 않으면 안되며 だ行의 ぢづ의
　　　　　　　　　　　　　　　　　　　　다　　　지 즈

경우엔 현대에서는 잘 쓰이지 않음에 유의한다(カタカナ도 마찬가지).
　　　　　　　　　　　　　　　　　　　　　가 타 카 나

🔊(3) 半濁音 (はんだくおん **반탁음**)
한 다 쿠 옹

かなの 오른쪽 위에 반탁점(° 표시)를 붙여 나타내며 は行에 붙는다.
가 나

영어의 [P]음과 우리말의 [ㅍ] 중 [P]음에 가깝게 발음된다.

그러나 2음절이하부터는 ㅃ에 가깝게 발음된다(カタカナ도 마찬가지).
　　　　　　　　　　　　　　　　　　　　　　　가 타카나

ぱ 빠 pa	ぴ 삐 pi	ぷ 뿌 pu	ぺ 뻬 pe	ぽ 뽀 po

[P]음에 가까워도 영어의 음처럼 呼気가 든 것은 아니므로 듣기에는
거의「빠, 삐, 뿌, 뻬, 뽀」에 가깝게 들린다.

(4) 拗音 (よんおん 요음)
요옹

자음 かな의 「い」단글자 (き·し·ち·に·ひ·み·り·ぎ·じ·び·ぴ)에 반모음
가나 　　　　　　　　기 시 지 니 히 미 리 기 지 비 삐

「や·ゆ·よ」가 작게 결합하여 두 글자를 한 음절로 발음하는 것을
야 유 요

말한다. (カタカナ도 마찬가지)
가타카나

きゃ	キャ kya	きゅ	キュ kyu	きょ	キョ kyo
しゃ	シャ sya	しゅ	シュ syu	しょ	ショ syo
ちゃ	チャ cya	ちゅ	チュ cyu	ちょ	チョ cyo
にゃ	ニャ nya	にゅ	ニュ nyu	にょ	ニョ nyo
ひゃ	ヒャ hya	ひゅ	ヒュ hyu	ひょ	ヒョ hyo
みゃ	ミャ mya	みゅ	ミュ myu	みょ	ミョ myo
りゃ	リャ rya	りゅ	リュ ryu	りょ	リョ ryo
ぎゃ	ギャ gya	ぎゅ	ギュ gyu	ぎょ	ギョ gyo
じゃ	ジャ zya	じゅ	ジュ zyu	じょ	ジョ zyo
びゃ	ビャ bya	びゅ	ビュ byu	びょ	ビョ byo
ぴゃ	ピャ pya	ぴゅ	ピュ pyu	ぴょ	ピョ pyo

📣(5)　默音 (もくおん **묵음)**
모쿠옹

글자상으로 있으나 실제로는 발음이 되지 않는 소리다. か行 다음에
　　　　　　　　　　　　　　　　　　　　　　　　　가
さ行이 올 때 주로 일어난다.
사

　　例) がくせい [gakasei] → [gakse:]
　　　　　각세

보는 바와 같이 u모음이 발음되지 않음을 알 수 있다(: 표시는
장음 표시로 다음에 설명하기로 한다).

📣(6)　長音 (ちょうおん **장음)**
쵸옹

① あ단의 장음 → 「あ」를 추가
　이　　　　　　　　아

　　例) おば<u>あ</u>さん　　　할머니
　　　　오바상
　　　おか<u>あ</u>さん　　　어머니
　　　　오카상

② い단의 장음 → 「い」를 추가
　이　　　　　　　　이

　　例) おじ<u>い</u>さん　　　아저씨
　　　　오지상
　　　い<u>い</u>え　　　　　아니오
　　　　이에

③ う단의 장음 → 「う」를 추가
  아   아

  例) く<u>う</u>き   공기
      구키

      ゆ<u>う</u>べ   어머니
      유베

④ え단의 장음 → 「え」나 「い」를 추가 단, 음독한자인 경우는 「い」
  에   에   이   이

    例) おね<u>え</u>さん   언니, 누나
        오네상

        <u>え</u><u>い</u>が   영화
        에가

⑤ お단의 장음 → 「う」를 추가, お를 추가하는 일도 있으나 극
  오   우   오

히 드문 일임

    例) おと<u>う</u>さん   아버지
        오토상

        と<u>お</u>い   멀다
        도이

▶(7) 조사의 발음

は・へ・を의 경우 조사로 쓰일 때는 각각 [わ]・[え]・[お]로 발음
하 헤 오

된다.

    例)   わたし<u>は</u>   あそこ<u>へ</u>   なに<u>を</u>
                [わ]   [え]   [お]
              와타시와   아소코에   나니오

•(8) 促音 (そくおん 촉음)
소쿠옹

かなの 오른쪽 밑에 작은「つ」를 붙여 나타내며 반침과 같은 구
가나   츠
실을 한다. 숨을 잠깐 쉬었다 발음하며, 하나의 박을 지니고 있
다. 뒷글자에 따라 발음이 변하므로 주의해야 한다.

① か行이 뒤에 오는 경우 → ㄱ반침
　　가

　　例) こっき　　　　국기
　　　　곡키
　　　　がっこう　　　학교
　　　　　각코

② さ行이 뒤에 오는 경우 → ㅅ반침
　　사

　　例) ざっし　　　　잡지
　　　　잣시
　　　　ちっそく　　　즉시
　　　　삿소쿠

③ た行이 뒤에 오는 경우 → ㄷ반침
　　다

　　例) いったい　　　일체
　　　　　잇타이
　　　　おっと　　　　남편
　　　　옷토

④ ぱ行이 뒤에 오는 경우 → ㅂ반침
　　빠

　　例) いっぱい　　　한잔
　　　　입빠이
　　　　きっぷ　　　　표
　　　　집뿌

※ ②③의 경우엔 발음상 ㅅ반침으로 표기하기로 한다.

(9) 撥音 (はつおん 발음)
하츠옹

「ん」발음을 말하는 것으로「ん」이 다른 음의 영향을 받아 [m][n]
응   응
[ŋ] 등의 발음으로 들리는 현상을 의미한다. 이「ん」은 [응]과
                                                    응
[으] 사이의 중간발음 정도로 보면 되겠다.

① ん ＋ ⌈か・が・あ・や・わ行 → ○[ŋ]
  응   ⌊가 가 아 야 와

    「ん」이 끝에 올 때

  例) べんきょう   공부
     벵쿄

     おんがく   음악
     옹가쿠

② ん ＋ ま, ば, ぱ行 → ㅁ[m]
  응   마 바 빠

  例) しんぶん   신문
     심붕

     さんぽ   산책
     삼뽀

③ ん ＋ さ・ざ・た・だ・な・ら・は行 → ㄴ[n]
  응   사 자 다 다 나 라 하

  例) かんじ   한자
     간지

     せんたく   세탁
     센타쿠

※ 경우에 따라 さ・は・あ・や・わ行,「ん」으로 끝나는 경우는
          사 하 아 야 와   응
   ㄴ과 ○의 중간음인 [N̄]로 구분하기도 한다.

(10) 한자

① 音読   음독 : 음을 읽음
　おんどく
　온도쿠

② 訓読   훈독 : 뜻(훈)을 읽음
　くんどく
　군도쿠

일본어는 음독과 훈독이 혼용되고 있으므로 주의해야 한다.

例　　山　　さん　（음독）　やま　（훈독）
　　　　　　　상　　　　　　　야마

　　　　犬　　けん　（음독）　いぬ　（훈독）
　　　　　　　겡　　　　　　　이누

　　本箱　　ほんばこ　　책장　　음독＋훈독
　　　　　　홈바코

　　荷物　　にもつ　　　짐　　　훈독＋음독
　　　　　　니모츠

※ 음독, 훈독이 혼용되는 경우
　　例　　父母　　ふぼ（음독）　　ちちはは（훈독）
　　　　　　　　　후보　　　　　　치치하하

그외에 일본에서 만들어진 고유한자도 있다(음독).
　　例　　峠（とうげ 고개）　　畑（はたけ 밭）
　　　　　　　도게　　　　　　　　하따케
　　　　　辻（つじ 네거리）
　　　　　　　즈지

3. 수개념 익히기

 (1) 수사

1 いち 이치	2 に 니	3 さん 상	4 し/よん 시/용	5 ご 고
6 ろく 로쿠	7 しち/なな 시치/나나	8 はち 하치	9 く/きゅう 구/큐	10 じゅう 쥬

하나 ひとつ 히토츠	둘 ふたつ 후타츠	셋 みっつ 밋츠	넷 よっつ 욧츠	다섯 いっつ 이츠츠
여섯 むっつ 뭇츠	일곱 ななつ 나나츠	여덟 やっつ 얏츠	아홉 ここのつ 고코노츠	열 とお 토

1부터 10 이외의 기본숫자에 대해 더 공부하자면 다음과 같다.

11	じゅういち	70	ななじゅう	3000	さんぜん
12	じゅうに	80	はちじゅう	4000	よんせん
13	じゅうさん	90	きゅうじゅう	5000	ごせん
14	じゅうよん(し)	100	ひゃく	6000	ろくせん
15	じゅうご	200	にひゃく	7000	ななせん
16	じゅうろく	300	さんびゃく	8000	はっせん
17	じゅうなな(しち)	400	よんひゃく	9000	きゅうせん
18	じゅうはち	500	ごひゃく	10000	いちまん
19	じゅうきゅう(く)	600	ろっぴゃく	100000	じゅうまん
20	にじゅう	700	ななひゃく	1000000	ひゃくまん
30	さんじゅう	800	はっぴゃく	10000000	せんまん
40	よんじゅう	900	きゅうひゃく	100000000	いちおく
50	ごじゅう	1000	せん		
60	ろくじゅう	2000	にせん		

(2) 조수사

こ 고 個 개	まい 마이 枚 장	ほん 홍 本 자루	さつ 사츠 册 권	にん 닝 人 사람	かい 가이 階 층
작은 물건	얇은 물건	긴 물건	책	사람	건물의 계층

	個	枚	本	册	人	階
1	いっこ	いちまい	いっぽん	いっさつ	ひとり	いっかい
2	にに	にまい	にほん	にさつ	ふたり	にかい
3	さんこ	さんまい	さんぼん	さんさつ	さんにん	さんがい
4	よんこ	よんまい	よんほん	よんさつ	よんにん	よんかい
5	ごこ	ごまい	ごほん	ごさつ	ごにん	ごかい
6	ろっこ	ろくまい	ろっぽん	ろっさつ	ろくにん	ろっかい
7	ななこ	しちまい/ ななまい	しちほん/ ななほん	ななさつ	しちにん/ ななにん	ななかい
8	はっこ	はちまい	はちほん/ はっぽん	はっさつ	はちにん	はっかい
9	きゅうこ	きゅうまい	きゅうほん	きゅうさつ	きゅうにん	きゅうかい
10	じゅっこ/ じっこ	じゅうまい	じゅっぽん/ じっぽん	じゅっさっ/ じっさつ	じゅうにん	じゅっかい/ じっかい
何	なんこ	なんまい	なんぼん	なんさつ	なんにん	なんがい

4. 날짜, 요일 外

(1) 날짜

1日	ついたち	츠이타치	17日	じゅうしちにち	쥬시치니치
2日	ふつか	후츠카	18日	じゅうはちにち	쥬하치니치
3日	みっか	믹카	19日	じゅうくにち	쥬쿠니치
4日	よっか	욕카	20日	はつか	하츠카
5日	いっか	이츠카	21日	にじゅういちにち	니쥬이치니치
6日	むいか	무이카	22日	にじゅうににち	니쥬나나미
7日	なのか	나노카	23日	にじゅうさんにち	니쥬산니치
8日	ようか	요카	24日	にじゅうよっか	니쥬욕카
9日	ここのか	고코노카	25日	にじゅうごにち	니쥬고니치
10日	とおか	도까	26日	にじゅうろくにち	니쥬로쿠니치
11日	じゅういちにち	쥬이치니치	27日	にじゅうしちにち	니쥬시치니치
12日	じゅうににち	쥬니니치	28日	にじゅうはちにち	니쥬하치니치
13日	じゅうさんにち	쥬산니치	29日	にじゅうくにち	니쥬쿠니치
14日	じゅうよっか	쥬욕카	30日	さんじゅうにち	산쥬니치
15日	じゅううごにち	쥬고니치	31日	さんじゅういちにち	산쥬이치니치
16日	じゅうろくにち	쥬로쿠니치	何日	なんにち	난니치

(2) 요일

月曜日	げつようび	게츠요비	火曜日	かようび	가요비
水曜日	すいようび	스이요비	木曜日	もくようび	모쿠요비
金曜日	きんようび	낑요비	土曜日	どようび	도요비
日曜日	にちようび	니치요비	何曜日	なんようび	낭요비

(3) 년 · 월

1年	いちねん	이치넹	2年	にねん	니넹
3年	さんねん	산넹	4年	よねん	요넹

1月	いちがつ	이치가츠	2月	にがつ	니가츠
3月	さんがつ	상가츠	4月	しがつ	시가츠

(4) 시간

시					
いちじ 이치지	にじ 니지	さんじ 산지	よじ 요지	ごじ 고지	
ろくじ 로쿠지	しちじ 시치지	はちじ 하치지	くじ 구지	じゅうじ 쥬-지	

분	입뿡	니훙	삼뿡	욤뿡	고훙
	いっぷん	にふん	さんぷん	よんぷん	ごふん
	롭뿡	시치훙/나나훙	합뿡	큐훙	줍뿡/집뿡
	ろっぷん	しちふん/ななふん	はっぷん	きゅうふん	じゅっぷん/じっぷん

(5) 때

	과거		현재	미래	
날	おととい 오토토이 그저께	きのう 기노- 어제	きょう 쿄- 오늘	あした 아시타 내일	あさって 아삿테 모레
주	せんせんしゅう 센센쥬- 지지난주	せんしゅう 센쥬- 지난주	こんしゅう 곤쥬- 이번주	らいしゅう 라이쥬- 다음주	さらいしゅう 사라이쥬- 다다음주
월	せんせんげつ 센센게츠 지지난달	せんげつ 센게츠 지난달	こんげつ 공게츠 이번달	らいげつ 라이게츠 다음달	さらいげつ 사라이게츠 다다음달
년	おととし 오토토시 재작년	きよねん 쿄넹 작년	ことし 고토시 금년	らいねん 라이넹 내년	さらいねん 사라이넹 내후년

※ 朝(あさ 아사 아침)　　　　　　　(ばん 방 밤)
　午前(ごぜん 고젱 오전)　　　午後(ごご 고고 오후)
　初め(はじめ 하지메 초)　　　半ば(なかば 나카바 중순)
　終わり(おわり 오와리 말)

5. 지시대명사 · 인칭대명사

(1) 지시대명사

これ 고레 이것	それ 소레 그것	あれ 아레 저것	どれ 도레 어느 것
ここ 고코 여기	そこ 소코 거기	あそこ 아소코 저기	どこ 도코 어디
こちら 고치라 이쪽	そちら 소치라 그쪽	あちら 아치라 저쪽	どちら 도치라 어느 쪽

(2) 인칭대명사

わたし	와타시	나	あなた	아나타	당신
かれ	가레	그	かのじょ	가노죠	그녀

※ われわれ 와레와레 우리

ひと	히토	사람	かた	가타	분
だれ	다레	누구	どなた	도나타	어느 분(だれ의 높임말)

6. 가족호칭

	자기 가족을 부를 때	상대방 가족을 부를 때
할아버지	そふ　　　　소후	おじいさん　　오지상
할머니	そぼ　　　　소보	おばあさん　　오바상
아버지	ちち　　　　치치	おとうさん　　오토상
어머니	はは　　　　하하	おかあさん　　오카상
형, 오빠	あに　　　　아니	おにいさん　　오니상
누나, 언니	あね　　　　아네	おねえさん　　오네상
남동생	おとうと　　오토토	おとうとさん　オ토토상
여동생	いもうと　　이모토	いもうとさん　이모토상
아들	むすこ　　　무스코	むすこさん　　무스코상
딸	こども　　　고도모	おこさん　　　오코상
아내, 처	つま,かない　츠마,가나이	おくさん　　　옥상

	자기 가족을 부를 때	상대방 가족을 부를 때
백부, 숙부	おじ　　　　오지	おじさん　　　오지상
백모, 숙모	おば　　　　오바	おばさん　　　오바상
조카	おい　　　　오이	おいごさん　　오이고상
조카딸	めい　　　　메	めいごさん　　메고상
사촌형제	いとこ　　　이또꼬	いとこのかた　이토코노카타
양친	りょうしん　료싱	ごりょうしん　고료싱
가족	かぞく　　　가조쿠	ごかぞく　　　고카조쿠
친척	しんせき　　신세키 しんるい　　신루이	ごしんせき　　고신세키 ごしんるい　　고신루이

※ 兄弟(きょうだい 교다이 형제)　　姉妹(しまい 시마이 자매)
　婿(むこ 무코 사위)　　　　　　婦(よめ 요메 며느리)
　長男(ちょうなん 쵸낭 장남)　　長女(ちょうじょ 쵸죠 장녀)
　孫(まご 마고 손자)　　　　　　孫婦(まごむすめ 마고무스메 장녀)

7. 일본문자 익히기

あ行

아 あ[a]	이 い[i]	우 う[u]	에 え[e]	오 お[o]

우리말의 「아·이·우·에·오」와 비슷하나 う의 경우엔 [으]와 [우], え의 경우엔 「에」와 「애」의 중간발음에 가깝다.

あ	い	う	え	お
一 ㅏ あ	い い	` う	` ラ え	一 お お

ア	イ	ウ	エ	オ
⌐ ア	ノ イ	`' ウ	一 T エ	一 ナ オ

━━━━━━━━━━ **か行** ━━━━━━━━━━

| 가
か[ka] | 기
き[ki] | 구
く[ku] | 게
け[ke] | 고
こ[ko] |

각 [카]와 [가], [키]와 [기], [쿠]와 [구], [케]와 [게], [코]와
[고]의 중간발음이나 첫음절에선 ㄱ에 가깝게 2음절이하부터는
ㄲ에 가깝게 발음된다.

か	き	く	け	こ
ㄱ カ か	ー ニ キ き	く	｜ ｜ー け	ー こ

カ	キ	ク	ケ	コ
ㄱ カ	ー ニ キ	ノ ク	ノ ー ケ	ㄱ コ

さ行

사 さ[sa]	시 し[si]	스 す[su]	세 せ[se]	소 そ[so]

우리말의 「사·시·스·세·소」와 비슷하나 し의 경우엔 [시]
와 [쉬] す의 경우엔 [스]와 [수]의 중간발음에 가깝다.

さ	し	す	せ	そ
⌐ナさ	し	一す	一十せ	⌐そ

サ	シ	ス	セ	ソ
一十サ	丶丶シ	フス	一セ	丶ソ

た行

다 た[ta]	치 ち[chi]	츠 つ[tsu]	테 て[te]	토 と[to]

각각 [타]와 [다], [치]와 [찌], [쓰]와 [쯔], [테]와 [데], [토]와 [도]의 중간발음이나 첫음절에선 ㄷ에 가깝게 2음절 이하부터는 ㅌ에 가깝게 발음된다.

た	ち	つ	て	と
⁻ ナ た た	⁻ ち	つ	て	ˋ と

タ	チ	ツ	テ	ト
ノ ク タ	⁻ 二 チ	ˋ ˵ ツ	⁻ 二 チ	ㅣ ト

な行

나 な[na]	니 に[ni]	누 ぬ[nu]	네 ね[ne]	노 の[no]

우리말의 「나·니·누·네·노」와 비슷하다. 누의 경우엔 [느]와 [누]의 중간발음에 가깝다.

な	に	ぬ	ね	の
ーナナな	l lに	丶ぬ	l ね	の

ナ	ニ	ヌ	ネ	ノ
ーナ	ー二	フヌ	丶ナ末ネ	ノ

は行

하	히	후	헤	호
は[ha]	ひ[hi]	ふ[hu]	へ[he]	ほ[ho]

우리말의 「하·히·후·헤·호」와 비슷하다. 후의 경우엔 [흐]
와 [후]의 중간발음에 가깝다.

は	ひ	ふ	へ	ほ
し い は	ひ	ふ ふ ふ	へ	し い に ほ

ハ	ヒ	フ	ヘ	ホ
ノ ハ	一 ヒ	フ	ヘ	一 十 才 ホ

ま行

마 ま[ma]	미 み[mi]	무 む[mu]	메 め[me]	모 も[mo]

우리말의 「마·미·무·메·모」와 비슷하다. む의 경우엔 [므]
와 [무]의 중간발음에 가깝다.

ま	み	む	め	も
ー ニ ま	み み	ー も む	＼ め	し も も

マ	ミ	ム	メ	モ
フ マ	ー ニ ミ	ム ム	ノ メ	ー ニ モ

や行

야 や[ya]	유 ゆ[yu]	요 よ[yo]

우리말의 「야·유·요」와 비슷하다.

や	ゆ	よ
⌒ゕや	しゆ	‒よ

ヤ	ユ	ヨ
⌐ヤ	フユ	フヲヨ

ら行

라 ら[ra]	리 り[ri]	루 る[ru]	레 れ[re]	로 ろ[ro]

우리말의「라·리·루·레·로」와 비슷하다.

ら	り	る	れ	ろ
﹅ ら	ι り	る	｜ れ	ろ

ラ	リ	ル	レ	ロ
﹉ ラ	｜ リ	﹀ ル	レ	｜ ㄱ ㅁ

わ行　　　ん行

わ[wa]　を[o]　　ん[n]
와　　오　　　응

우리말의 「와·오」와 비슷하나 を의 경우엔 조사로만 쓰인다(~을/~를).

우리말의 받침과 같은 구실을 하며 뒷글자의 영향을 받아 [ㄴ. ㅁ, ㅇ] 등으로 발음된다.

わ	を
｜ わ	ㄱ ㅊ を

ん
ん

ワ	ヲ
' ワ	フ ヲ

ン
` ン

제2부
일본어의 문법

제1장 형식명사

형식명사

 형식명사 : 독립하지 못하고 수식어 밑에서 형식적으로 사용되는
명사를 말한다.

(1) こと(「것, 일, 사실, 경우, 한적, 할것」등으로 해석되어
한자를 쓰지 않는다.)

① こと: **추상적인 사항이나 개념**

行(おこな)っていいことと悪(わる)いことがあります。

(행동을 위해서 좋을 것과 안될 것이 있습니다.)

② **동사(た형)**＋ことがある: **과거의 경험**

アメリカ旅行(りょこう)をなさったことがありますか。

(미국 여행을 하신 적이 있습니까?)

③ **동사(기본형)**＋こともある: **동작·상태**

たまに朝早(あさはや)く起(お)きることもあります。

(가끔 아침 일찍 일어날 때도 있습니다.)

④ **동사(기본형)**＋ことはない: **부분 부정**

雨が降(ふ)るのに散歩(さんぽ)に行くことはない。後(あと)
で行けるから。

(비가 내리는데 산책하러 갈 건 없다. 나중에 갈 수 있으니까.)

⑤ **동사(기본형)**＋ことができる: **가능**

こんなに暮(く)らすことができるのは家内(かない)のおかげだ。

(이렇게 지낼 수 있는 것은 아내의 덕택이다.)

⑥ **동사(기본형)**＋ことができない: **불가능**

ひらがなは読(よ)めますが、書(か)くことができません。

(히라가나는 읽을 수 있습니다만, 쓸 수는 없습니다.)

● (2)   もの(것, 일, ~인 법이다. ~기 마련이다.)

① **동사 · 형용사(기본형)＋ものだ: 당연한 귀결**

年(とし)をとると足(あし)が弱(よわ)くなるものだ。

(나이를 먹으면 다리가 약해지기 마련이다.)

② **동사 · 형용사 · 형용동사(た형)＋ものだ: 과거의 회상**

昔(むかし)はよく釣(つ)りに行(い)ったものだ。

(옛날에는 자주 낚시질하러 갔던 것이다.)

③ **동사 · 형용사 · 형용동사(기본형)＋ものだ: 놀람 · 영탄**

時(とき)の経(た)つのは速(はや)いものだ。

(세월이 가는 것은 참 빠르구나.)

④ **명사 · 형용동사＋な＋もの(もん)だから: 이유 · 변명 · 주장**

道(みち)がこんでいたものですから遅(おく)れました。

(길이 막혀서 늦었습니다.)

⑤ **동사 · 형용사＋もの(もん): 강한 부정**

どうして食(た)べないの。だっておいしくないんだもん。

(어째서 안 먹는거니? 하지만, 맛이 없는 걸 뭐.)

⑥ **동사 · 형용사 · 형용동사(기본형)＋ものか(もんか): 강한 부정**

二度(にど)と彼女(かのじょ)に会(あ)うもんか。

(두번 다시 그녀를 만나나 봐라.)

(3) ところ(형식명사로 쓰일 때에는 히라가나로만 표기한다.)
「~한 바, ~했더니, ~할 뻔하다.」

① 형용사 · 형용동사 · 동사(기본형)＋ところ: 때 · 상태 · 성질

人(ひと)の偉大(いだい)さは自己(じこ)の真(しん)に欲(ほっ)することを実現(じつげん)するところにある。
(사람의 위대함은 자기가 진실로 원하는 것을 실현하는 데에 있다.)

② 동사(의지형)としていたところ: 의지 · 예정

発表(はっぴょう)しようとしていたところで時間(じかん)になってしまいました。
(발표하려고 하던 차에 끝날 시간이 되어 버렸습니다.)

③ 동사(기본형＋ところ): 동작 직전

食事(しょくじ)が終(わ)わるところですから少(すこ)しお待(ま)ち下(くだ)さい。
(식사가 끝나려는 참이니까, 잠깐 기다려 주십시오)

④ 동사(た형)＋ところ: 완료

今(いま)ほっと一息(ひといき)ついたところです。
(지금 한숨 돌리고 있었던 참입니다.)

⑤ ところで(접속사): 화제의 전환

今日(きょう)は暑(あつ)いですね。ところでお暇(ひま)ですか。
(오늘은 덥군요. 그런데 시간이 있으십니까?)

⑥ ところが(접속사): 의외의 사실

うわぎを買(か)ってきた。ところがサイズがまちがっていた。
(저고리를 사왔다. 그런데 사이즈가 맞지 않았다.)

(4) 限(かぎ)り

① **수사＋限り： ～에 한해서**

切符(きっぷ)の使用(しよう)は一回(いっかい)限りです。

(표 사용은 1회에 한합니다.)

② **동사(기본형, ～ている, た형)＋限りでは： ～한 한해서는**

私が見る限りでは韓国人は勤勉(きんべん)だと言(い)えよう。

(내가 본 한해서는 한국인은 근면하다고 말할 수 있다.)

③ **동사(ない형)＋限り： ～하지 않는 한**

原油(げんゆ)が値下(ねさ)がりしない限り赤字(あかじ)は続
(つづ)きそうだ。

(원유가 인하되지 않는 한 적자는 계속될 것 같다.)

④ **형용사＋限りだ： ～하기 짝이 없다, ～일 따름이다.**

急(きゅう)に孤児(こじ)になるなんて悲(かな)しい限りだ。

(갑자기 고아가 된다니 슬프기 짝이 없다.)

⑤ **명사＋に限って： ～따라 유달리**

今晩(こんばん)に限って、目(め)がさえて眠(ねむ)れない。

(오늘밤따라 눈이 말똥말똥해지며 잠이 안온다.)

⑥ **명사＋には 限りがない： ～에는 끝이 없다.**

人間(にんげん)の欲望(よくぼう)には限りがない。

(인간의 욕망은 끝이 없다.)

(5) わけ

① ～わけだ: **～인 것(셈)이다.**

外国人(がいこくじん)だからこちらの様子(ようす)が分(わ)からないわいけだ。

(외국인이라서 이쪽의 상황을 모르는 것이다.)

② ～わけがない: **～일 리가 없다.**

やくざに父(ちち)の気持(きも)ちが分(わ)かるわけがない。

(깡패들이 아버지 기분을 이해할 리가 없다.)

③ ～わけにはいかない: **～일 수는 없다.**

一人(ひとり)で帰(かえ)るわけにはいかない。

(혼자서 돌아 갈 수는 없다.)

④ ～のはわけない

こんな問題(もんだい)を解(と)くのはわけない。

(이런 문제를 푸는 것은 문제없다.)

⑤ ～のか, わけがわからない: **～인 것인지 영문을 모르겠다.**

彼女は何を言っているのかわけが分(わ)からない。

(그녀는 무엇을 말하는 건지 도통 모르겠다.)

⑥ どうりで ～わけだ: **그래서(과연) ～일 것이다.**

雪国(ゆきぐに)か、どうりで寒(さむ)いわけだ。

(눈이 많이 내리는 지방인가, 그래서 춥더라니)

(6) はず

① はずだ: **당연히 ~일 것이다.**

部長(ぶちょう)はすぐ戻(もど)るはずです。

(부장님은 곧 돌아올 것입니다.)

② はずがない: **~일 리가 없다.**

金さんは下戸(げこ)だから、酒(さけ)を飲(の)むはずがない。

(김씨는 술을 못마시는 사람이니까 술을 마실 리가 없다.)

③ そんなはずはない.

(그럴 리는 없다.)

(7) ばかり

① **수사＋ばかり : 분량·정도**

4キロばかり歩(ある)くと叔父(おじ)の家があります。

(4km쯤 걸으면 숙부님 집이 있습니다.)

② **명사＋ばかり : 한정**

次男(じなん)は勉強(べんきょう)ばかりしています。

(차남은 공부만 하고 있습니다.)

③ **형용사·형용동사·동사＋ばかり : 비유**

目(め)を見張(みは)るばかりの素晴(すば)らしい光景(こうけい)だった。

(눈이 번쩍 뜨일 정도의 멋진 광경이었다.)

④ **형용사·형용동사·동사＋ばかり**

溝(みぞ)は深(ふか)まるばかりで、浅(あさ)くはならない。

(도랑은 깊어지기만 할 따름이고, 얕아지지는 않는다.)

⑤ **동사(て형)＋ばかりいる : ~만 하고 있다.**

一日中(いちにちじゅう)遊(あそ)んでばかりいる。

(하루 종일 놀고만 있다.)

⑥ **명사＋ばかりではなく : ~뿐만 아니다.**

英語(えいご)ばかりでなく、フランス語も上手(じょうず)です。

(영어뿐만 아니라 불어도 능숙합니다.)

제2장 수량과 관련된 표현

1. 수 사 2. 조수사

 1. 수사 : 일본어 수사에는 순수한 일본어와 한자어 계통의 두 가지
가 있는데, 일본어 수사에는 열까지만 있다.

① 一(いち)から 十(じゅう)まで: **1부터 10까지**

それでは一から十まで数(かぞ)えてみましょう。

(그러면 1부터 10까지 세어봅시다.)

② 一(ひと)つか 二(ふた)つ: **하나나 둘**

一つか二つぐらい持(も)っているでしょう。

(하나나 둘 정도 가지고 있겠지요.)

③ 二(ふた)つ: **둘**

二つの指紋(しもん)は一致(いっち)しています。

(2개의 지문은 일치하고 있습니다.)

④ 一(いち)か 八(ばち)か: **되든 안되든**

よし、一か八か試(ため)してみよう。

(좋아, 되든 안되든 시도해 보자.)

⑤ 三千(さんぜん): **삼천**

三千にはせににごりがつきます。

(삼천에는 세에 탁음이 붙습니다.)

⑥ 七千円(ななせんえん): **칠천엔**

七千円借(か)していただけますか。

(칠천엔을 빌릴 수 있습니까?)

2. 조수사

① **六十三階**(ろくじゅうさんがい): **63층**

あのビルは63階建(だ)てです。

(저 빌딩은 63층짜리입니다.)

② **十軒**(じゅっけん): **10채**

大雨(おおあめ)で十軒もの家が流(なが)されました。

(장마때문에 10채나 되는 집이 떠내려갔습니다.)

③ **一杯**(いっぱい): **한 잔**

酒屋(さかや)に寄(よ)って一杯やりませんか。

(술집에 들러서 한잔 하지 않겠습니까?)

④ **一冊**(いっさつ): **한 권**

一冊の本(ほん)が人生(じんせい)を変(か)えることもある。

(한 권의 책이 인생을 바꿀 수도 있다.)

⑤ **三番線**(せんばんせん): **삼번 선**

まもなく三番線のホームに東京行(とうきょうゆ)きの列車(れっしゃ)が参(まい)ります。

(곧 삼번 선에 플랫폼에 도쿄행 열차가 들어옵니다.)

⑥ **二重**(ふたえ)まぶた: **쌍꺼풀**

最近二重まぶたの手術(しゅじゅつ)をする人が多(おお)くなった。

(최근 쌍꺼풀 수술을 하는 사람이 많아졌다.)

제3장 조동사

1. 단정표현 2. 수동표현 3. 가능표현
4. 존경표현 5. 사역표현
6. 전문·추정·양태·불확실한 단정·비유·예시표현

 1. 단정표현 : 단정의 뜻을 나타내는조동사다.

---

(1) だ

① このたんすは父母(ふぼ)の形見(かたみ)だ。

(이 장롱은 부모의 유품이다.)

② こんな悪(わる)いことをしたのは誰(だれ)だ。

(이런 나쁜 짓을 한 것은 누구냐?)

③ さあ、これであいこなんだ。

(자, 이것으로 비긴 것이다.)

(2) です

① 耳(みみ)で聞(き)くよりも目(め)で見(み)る文化(ぶんか)です。

(귀로 듣는 것보다 눈으로 보는 문화입니다.)

② 自然(しぜん)は人間(にんげん)をはぐくみ育(そだ)てている
のです。

(자연은 인간을 키우고 기르고 있는 것입니다.)

(3) 부정형

① 母の手料理(てりょうり)は外(ほか)の人に劣(おと)るもので
はない。

(어머니가 손수 만든 요리는 다른 사람에 뒤지지 않는다.)

② 問題(もんだい)はそれほど簡単(かんたん)ではありません。

(문제는 그렇게 간단하지 않습니다.)

③ 私(わたし)が仕事(しごと)をするのはお金(かね)のためではありません。

(내가 일을 하는 것은 돈을 위해서가 아닙니다.)

(4) 과거형

① 事故現場(じこげんば)は地獄(じごく)そのものだった。

(사고 현장은 지옥 그 자체였다.)

② 幼(おさな)い時(とき)、彼はとても無口(むくち)でした。

(어릴 때 그는 무척 말이 없었습니다.)

③ たくさんの人(ひと)の前(まえ)で歌(うた)うのは、はじめてであった。

(많은 사람 앞에서 노래하는 것은 처음이었다.)

(5) 추측형 · 부정 추측형

① 月(つき)の旅行(りょこう)ができる時代(でだい)がやってくるだろう。(달 여행을 할 수 있는 시대가 도래할 것이다.)

② 会社員(かいしやいん)を希望(きぼう)する人(ひと)が、今後(こんご)ますます増(ふ)えるであろう。

(회사직원을 희망하는 사람이 앞으로 점점 더 늘어날 것이다.)

③ 親(おや)が一番(いちばん)の教師(きょうし)といえるでしょう。(부모가 최상의 교사라고 할 수 있을 것이다.)

④ 兄弟(きょうだい)たちは事実(じじつ)を知(し)らないのではないでしょうか。(형제들은 사실을 모르는 것이 아닐까요?)

2. 수동표현 : 동사 뒤에 와서 수동적으로 어떤 동작을 받거나 당하다는 뜻을 나타낸다.

(1) 5단 동사＋れる. サ変格動사＋れる

① 人に押(お)されて転(ころ)んでしまいました。

(사람들에게 떠밀려 넘어지고 말았습니다.)

(2) 1단 동사＋られる. カ変格動사＋られる

① ねずみは猫(ねこ)に追(お)いかけられている。

(쥐는 고양이에게 쫓기고 있다.)

② 友達(ともだち)に来(こ)られて出(で)かけられなかった。

(친구가 오는 바람에 외출하지 못했다.)

 3. 가능표현 : 「~할 수 있다」는 가능의 뜻을 나타낸다.

(1) よむ→よめる(읽을 수 있다)

おきる→おきられる(일어날 수 있다)

する→できる(할 수 있다)

くる→こられる(올 수 있다)

① 漢字(かんじ)も読(よ)める。

(한자도 읽을 수 있다.)

② 忘(わす)れられない思(おも)い出(で)。

(잊을 수 없는 추억)

③ あす来(こ)られる人は 来(き)てください。

(내일 올 수 있는 사람은 와 주십시오.)

④ 生徒(せいと)は半額(はんがく)で入(はい)れます。

(학생은 반액에 입장할 수 있습니다.)

 4. 존경표현 : 듣는 사람이나 화제의 인물을 높여서
말할 때 쓰인다.

(1) 行く→行かれる(가시다)
　　　起(お)きる→起(お)きられる(일어나시다)
　　　する→される(하시다)
　　　来(く)る→来(こ)られる(오시다)

① お父(とう)さんはどこかへ行(い)かれますか。

(아버님은 어디 가십니까?)

② 社長(しやちょう)は何時(なんじ)ごろ起(お)きられますか。

(사장님은 몇시경에 일어나십니까?)

③ 先生は毎朝(まいあさ)散歩(さんぽ)されるそうですね。

(선생님은 매일 아침 산책을 하신다면서요.)

5. 사역표현 : 누군가에게 뭔가를 「하게 하다」라는 뜻을 나타낸다.

(1) 行(い)く→行(い)かせる(가게 하다)
　　　食(た)べる→食(た)べさせる(먹게 하다)
　　　する→させる(하게 하다)
　　　来(く)る→来(こ)させる(오게 하다)

① 無理(むり)やり勉強(べんきょう)させるのもよくない。
　(억지로 공부시키는 것도 좋지 않다.)

② 子供(こども)にご飯(はん)を食(た)べさせた。
　(아이에게 밥을 먹였다.)

③ 第(おとうと)に掃除(そうじ)をさせる。
　(남동생에게 청소를 시키다.)

④ 本人(ほんにん)を直接(ちょくせつ)来(こ)させてください。
　(본인을 직접 오게 해 주십시오.)

 **6. 전문 · 추정 · 양태 · 불확실한 단정 · 비유
　 · 예시 표현**

(1) そうだ(전문〔伝聞〕)들은 바를 전한다는 뜻

① きょうは大雨(おおあめ)だそうだ。
　(오늘은 비가 많이 내린다고 한다.)

② 手紙(てがみ)によると家族(かぞく)はみんな元気(げんき)だ
そうです。

(편지에 의하면 가족은 모두 건강하다고 합니다.)

③ 先生は厳(きび)しく勉強(べんきょう)させるそうだ。

(선생님은 엄하게 공부시킨다고 한다.)

(2) らしい **추정의 뜻을 나타내는 조동사**

① 山本(やまもと)さんは大金持(おおかねも)ちらしいですね。

(야마모토 씨는 굉장한 부자인 것 같더군요)

② あそこはとても美(うつく)しくて静(しず)からしい。

(그곳은 매우 아름답고 조용한 모양이다.)

③ 大低(たいてい)の婦人(ふじん)は午後(ごご)などに買(か)い
物(もの)に行くらしいです。

(대개 부인들은 오후 같은 때 장보러 가는 모양이다.)

(3) そうだ(양태)어떤 상태가 '~인 것 같다'
'~인 모양이다' '~처럼 보인다' 라는 뜻을 나타낸다.

① 彼はきまり悪(わる)そうに借金(しゃっきん)を申(もうし)込入
(こ)んできた。

(그는 겸연쩍은 표정으로 돈을 빌리러 왔다.)

② ろうそくの火(ひ)が風(かぜ)で消(き)えそうだ。

(촛불이 바람에 꺼질 것 같다.)

(4) ようだ(비유의 조동사)다른 어떤 것과 비교해서
'마치 ~인 것 같다' 라는 뜻을 표현할 때 쓴다.

① 顔色(かおいろ)はまるで雪(ゆき)のようだ。

(안색은 마치 눈 같다.)

② まだ春(はる)だというのに、夏(なつ)のような暑(あつ)さだ。

(아직 봄인데 여름같은 더위다.)

③ 彼はなんとなく元気(げんき)がないようだ。

(그는 왠지 기운이 없는 것 같다.)

(5) みたいだ(「ようだ」와 같은 뜻으로 쓴다.)

① 隣(となり)の家(いえ)には誰(だれ)もいないみたいです。

(이웃집에는 아무도 없는 것 같습니다.)

② まだ二月(にがつ)だというのにもう春(はる)みたいです。

(아직 2월인데 벌써 봄 같습니다.)

조동사 기본문형

	명사	형용동사	형용사	동사
① そうだ(전문)	~だそうだ	~だそうだ	~そうだ	원형+そうだ
② らしい	~らしい	어간+らしい	~らしい	원형+らしい
③ そうだ(양태)	없음	어간+そうだ	어간+そうだ	연용형+そうだ
④ ようだ	~のようだ	~なようだ	~ようだ	원형+ようだ
⑤ みたいだ	~みたいだ	어간+みたいだ	~みたいだ	원형+みたいだ

(1) 기본문형 「～い」꼴로 수식하므로 「イ형용사」라고도 한다.

① 愛(あい)は死(し)より強(つよ)い。

(사랑은 죽음보다 강하다.)

② 品物(しなもの)は非常(ひじょう)にいいです。

(물건은 대단히 좋습니다.)

③ 空気(くうき)の汚(きたな)い所(ところ)に住(す)むのはよくない。

(공기가 더러운 곳에 사는 것은 좋지 않다.)

④ 昨年(さくねん)の夏(なつ)はほんとうに暑(あつ)かったですね。

(작년 여름은 정말로 더웠지요.)

⑤ デパートは思(おも)ったほど高(たか)くなかった。

(백화점은 생각보다 높지 않았다.)

⑥ ‘風(かぜ)と共(とも)に去(さ)りぬ’とても面白(おもしろ)い
映画(えいが)だった。

(‘바람과 함께 사라지다’는 매우 재미있는 영화였다.)

⑦ あの映画(えいが)はあまり面白(おもしろ)くありませんで
した。(그 영화는 별로 재미없었습니다.)

⑧ 香港(ホンコン)は物価(ぶっか)も高(たか)いだろう。

(홍콩은 물가도 비싸겠지)

⑨ 試験(しけん)に受(う)かったのだから、さぞうれしいでしょう。

(시험에 합격한 것이니 얼마나 기쁘시겠어요.)

～く	~(하)게	～くも ～くもなる	~하게도
～くなる	~해지다		~하게 된다
～くならない	~(하)게 되지 않는다	～くもなれば	~게도 되거니와
		～くもなる	~게도 된다
～くなってくる	~해져 온다	～くもあれば ～くもある	~기도 하거니와
～くなっていく	~해져 간다		~기도 하다
～くもない	~지도 않다	～くなかったです	~기도 하면
～くも ～くもない	~지도~지도 않다		

(2) 변화문형 「くて」형

① 忙(いそが)しくて帰(かえ)りが遅(おそ)くなる。
(바빠서 귀가가 늦어지다.)

② 少(すこ)し高(たか)くてもいいですから丈夫(じょうぶ)なものを買(か)いましょう。
(조금 비싸도 좋으니까 튼튼한 것을 삽시다.)

③ 部屋(へや)はせまくてもかまわないですが、見晴(みはら)しのよいところにしてほしいんですが。
(방은 좁아도 상관없습니다만, 전망이 좋은 곳으로 해 주셨으면 합니다만.)

④ 家賃(やちん)が高(たか)くては生活(せいかつ)に困(こま)ります。(집세가 비싸서는 생활에 곤란합니다.)

⑤ 夏(なつ)はなるべく火(ひ)を通(とお)して食(た)べなければいけない。(여름은 가능한 한 익혀 먹어야 한다.)

보 통 어		정 중 어	
~い	~하다, ~한	~いです	~입니다
~くない	~지 않다	~くありません	~지 않습니다
		~くないです	
~かつた	~였다	~かつたです	~였습니다
~くなかつた	~지 않았다	~くありませんでした	~지 않았습니다
		~くなかつたです	
~い(の, ん)だろう	~겠지	~い(の, ん)でしょう	~겠지요

(3) 변화문형 「く」형

① 父(ちち)に厳(きび)しく習字(しゅうじ)を教(おし)えられた。
(아버지에게 엄하게 서예를 배웠다.)

② 山(やま)は登(のぼ)れば登るほど空気(くうき)が薄(うす)く
なる。(산은 오르면 오를수록 공기가 희박해진다.)

③ このごろは生活(せいかつ)が楽(たの)しくなってきた。
(요즘은 생활이 즐겁게 되었다.)

④ 家庭教育(かていきょういく)で良(よ)くもなれば悪(わる)
くもなる。
(가정교육에 따라서 좋게도 되고 나쁘게도 된다.)

⑤ 一人暮(ひとりぐ)らしは楽しくもあれば 寂(さび)しくもあ
る。(독신 생활은 즐겁기도 하고 쓸쓸하기도 하다.

⑥ 相撲(すもう)に敗(ま)けてしまい悔(くや)しくてたまらない。
(씨름에 져서 분해 죽겠다.)

⑦ 幸(さいわ)い怪我(けが)は軽(かる)くて済(す)んだ。

(다행하게도 상처는 가볍게 났다.)

~くて	~고, ~서, 며
~くて ~くて/~くても	너무 너무 ~해서/~여도
~くてもいい[よろしい/けっこうだ]	~여도 좋다(けっうが 가장 정중)
~くても**大丈夫**だ	~여도 괜찮다
~くてもかまわない	~여도 상관없다(다소 소극적 태도)
~くてもさしつかえない	~여도 지장은 없다(가장 소극적 태도
~くては	~여서는
~くてはならない[いけない/だめだ]	~여서는 안된다(ならない는 일반적 진실, だめだ는 개별적·직접적 요구)
~くてならない[たまらない]	~해서 견딜 수가 없다
~くてすむ	~하게 끝나다

(4) 「~くなくて」형

① このラジオは重(おも)くなくて持(も)ち歩(ある)くのにいい。
(이 라디오는 무겁지 않아서 휴대하기에 좋다.)

② シャワーを浴(あ)びるだけだから、お湯(ゆ)は熱(あつ)くなくても かまわない。
(샤워만 하면 되니까 물은 뜨겁지 않아도 상관없다.)

③ ガイドの経験(けいけん)がなくてもだいじょうぶだ。
(가이드 경험이 없어도 괜찮다.)

④ この世(よ)の中(なか)は強(つよ)くなくて生(い)きていけない。(이 세상은 강하지 않고서는 살아갈 수 없다.)

⑤ これからももっと大(おお)きくならなくちゃだめだよ。

(지금부터라도 더 (키가) 크지 않으면 안돼.)

● (5) 기본형 접속

① 疲(つか)れたからちょっと休(やす)みながらやりましょう。

(피곤하니까 조금 쉬면서 합시다.)

② あまりうるさいので出(で)て行くように言(い)った。

(너무 시끄러워서 나가라고 말했다.)

③ 高(たか)い値段(ねだん)なのに安(やす)いと言(い)っている。

(비싼 가격인데도 싸다고 말하고 있다.)

④ 李さんは優(やさ)しいうえに真面目(まじめ)な人です。

(이씨는 상냥한데다가 성실한 사람이다.)

⑤ 悔(くや)しいことに、我(わ)がチームは敗(ま)けだった。

(억울하게도 우리팀은 패했다.)

⑥ 涼(すず)しいうちに宿題を済(す)ませておこう。

(선선할 동안에 숙제를 끝내 두다.)

⑦ ソウルは物価(ぶっか)が高(たか)いそうだ。

(서울은 물가가 비싸다고 한다.)

⑧ 金さんの家(いえ)は相当(そうとう)金持(かねも)ちらしい。

(김씨 집은 상당히 부자인것 같다.)

⑨ 自炊生活(じすいせいかつ)は大変(たいへん)なようだ。

(자취생활은 힘든 것 같다.)

⑩ 暖(あたた)かい日(ひ)がいいのは言(い)うまでもない。

(따뜻한 날이 좋은 것은 말할 필요도 없다.)

⑪ 自然食(しぜんしょく)が年寄(としよ)りにいいかどうかわ
  かりません。

  (자연식이 노인에게 좋은지 어떤지 모릅니다.)

⑫ 値段(ねだん)が 高(たか)いにしては 品質(ひんしつ)が よく
  ないね。

  (가격이 비싼 것치고는 품질이 좋지 않다.)

~から	~니까
~ので	~해서, ~이니까
~のに	~인데도 (불구하고)
~うえに	~인데다가
~ことに	~하게도
~うちに	~인 동안에, 일 때
~そうだ	~라고 한다
~らしい	~인 것 같다
~ようだ	~일 것 같다
~みたいだ	~인 것 같다
~というのは	~라고 하는 것은
~とはいうものの	~라고는 하지만
~といっても/とはいえ	~라고(는) 해도
~とは限らない	꼭 ~라고는 할 수 없다
~のは言うまでもない	~인 것은 말할 것도 없다
~に限る	~하는 것이 제일이다
~とは言えない	~라고는 할 수 없다
~わけではない	~인 것[셈]은 아니다
~にしたことはない	~보다 더 좋은 것은 없다
~にしては	~인 것치고는
~かどうか	~인지 어떤지

(6) 조건 · 가정형

① 銭湯(せんとう)が小(ちい)さいと客(きゃく)が寄(よ)って来(こ)ない。

(대중탕이 작으면 손님이 오지 않는다.)

② お金(かね)は多(おお)ければ多(おお)いほど便利(べんり)だ。

(돈은 많으면 많을수록 편리하다.)

③ もう少(すこ)し若(わか)かったら、音楽(おんがく)を勉強(べんきょう)するのに。

(조금만 더 젊다면 음악을 공부하는 건데)

④ ドイツ語が難(むずか)しいなら、やめるほうがいい。

(독일어가 어렵다면 그만두는 편이 좋다.)

⑤ 値段(ねだん)が安(やす)いならまだしもそんなに高(たか)くては だれも買(か)いません。

(가격이 싸다면 몰라도 그렇게 비싸서는 아무도 사지 않습니다.)

~と	~면	~かつたら	~면
~ければ	~면	~(の)なら ~ほうがいい	~면 ~인 편이 좋다
~ければ ~ほど	~면 ~일수록	~ならまだしも	~면 몰라도

제2부

제5장 형용동사

1. 기본문형 2. 「で」형 3. 「では」형
4. 「な」형 5. 「に」형
6. 「だ・だった」형 7. 「어미(だ)탈락」형

(1) 기본문형(형용동사는 사물의 성질이나 상태를 나타내며, 기본형의 어미는 「だ」로 끝난다. 따라서 「ダ형용사」라고도 한다.

① 汚染(おせん)されていない川(かわ)の水(みず)はきれいだ。
(오염이 되지 않은 강물은 깨끗하다.)

② 消息(しょうそく)がないということは 無事(ぶじ)だということです。(소식이 없다고 하는 것은 무사하다는 것입니다.)

③ 昔(むかし)はこの辺(あた)りは、とても静(しず)かだった。
(옛날은 이 주변이 매우 조용했다.)

④ 母(はは)が旅(たび)から帰(かえ)ってくるまでは不安(ふあん)でした。(어머니가 여행에서 돌아올 때까지는 불안했다.)

⑤ 金さんは昔(むかし)はあんなに派手(はで)ではなかった。
(김씨는 옛날에는 그렇게 야하지 않았다.)

⑥ 健康(けんこう)だと思(おも)っていたのですが、実(じつ)は丈夫(じょうぶ)ではありませんでした。
(건강하다고 생각했지만, 사실은 튼튼하지 않았습니다.)

	보 통 어		정 중 어	
現在	~だ	~다	~です	~입니다
過去	~だった	~였다	~でした	~였습니다
否定	~ではない	~지 않다	~ではないです	~지 않습니다
			~ではありません	
過去否定	~ではなかった	~지 않았다	~ではなかったです	~지 않아습니다
			~でしょう	~입니다
推量	~だろう	~겠지	~です	~입니다

(2) 「で」형

① 交通(こうつう)が便利(べんり)で学校(がっこう)から近(ち
か)い 所(ところ)はないでしょうか。

(교통이 편리하고 학교에서 가까운 곳은 없을까요?)

② 健康(けんこう)であれば一番(いちばん)の幸(しあわ)せだ。

(건강하면 가장 행복하다.)

③ けちでもあれば欲張(よくば)りでもある。

(째째한가 하면 욕심도 많다.)

④ 人(ひと)に対(たい)して親切(しんせつ)でなくてはいけない。

(타인에 대해서 친절해야 한다.)

⑤ 停年退職(ていねんたいしょく)でうちにいるのが退屈(たい
くつ)でならない。

(정년퇴직으로 집에 있는 것이 따분해서 죽겠다.)

~で	~고, ~며, ~서
~であれば	~면
~であればあるほど	~면 ~할수록
~でもあれば ～でもある	~인가 하면 ~기도 하다
~でなくてはいけない	~이어야 한다
~でなければならない	
~でなくてはだめだ	~지 않으면 안된다
~でならない	
~でたまらない	~해서 참을 수 없다/~해서 죽겠다
~でしようがない	
~でどうしようもない	~해서 어쩔 도리가 없다

(3) 「では」형

① 無口(むくち)では商売(しょうばい)には向(む)かない。

(말이 없어서는 장사에는 소질이 없다.)

② 軽率(けいそつ)ではいけない。

(경솔해서는 안된다.)

③ 男(おとこ)はきれいでなくても大丈夫(だいじょうぶ)だ。

(남자는 예쁘지 않아도 괜찮다.)

④ 静(しず)かな所でなくては勉強(べんきょう)ができない。

(조용한 곳이 아니고서는 공부를 할 수 없다.)

⑤ 消極的(しょうきょくてき)ではなく、積極的(せっきょくてき)でなくてはならない。

(소극적이 아니고, 적극적이지 않으면 안된다.)

~では	~서는
~ではならない〔いけない/だめだ〕	~해서는 안된다
~ではなくて	~가 아니고, ~가 아니라
~ではなくても	~지 않아도, ~지 않더라도
~で(は)なくてもいい〔よろしい/けっこうだ〕	~지 않아도 좋다
~で(は)なくてもだいじょうぶだ	~지 않아도 괜찮다
~で(は)なくてもかまわない	~지 않아도 상관없다
~で(は)なくてもさしつかえない	~지 않아도 지장없다
~でなくては(ならない)	~지 않으면(안된다)

⏺(4) 「な」형

① 冷静(れいせい)な態度(たいど)が私を勇気(ゆうき)づけた.
  (냉정한 태도가 나에게 용기를 북돋워 주었다.)

② 残念(ざんねん)なことに落選(らくせん)してしまった.
  (유감스럽게도 낙선하고 말았다.)

③ 静(しず)かなうちに原稿(げんこう)を書いてしまおう.
  (조용한 사이에 원고를 써 버리자.)

④ 親切(しんせつ)なうえに真面目(まじめ)な人(ひと)です.
  (친절한데다가 성실한 사람입니다.)

⑤ 健康(けんこう)なようだが, 実(じつ)は病気がちだ.
  (건강한 것 같지만 실은 늘 병이다.)

⑥ 酒(さけ)が好(す)きなのに、きらいなふりをしている.
  (술을 좋아하면서 싫은 척하고 있다.)

~な	~인, ~한	~なうえに	~인데다가
~なことに	~하게도	~なようだ	~인 것 같다
~なうちに	~인 동안에	~なのに	~임에도 불구하고

⏺(5) 「に」형

① 蝶(ちょう)よ花(はな)よと大切(たいせつ)に育(そだ)てられた彼女(かのじょ). (금지옥엽으로 소중하게 길러진 그녀)

② 繁華街(はんかがい)でも夜遅(よるおそ)くなると静(しず)かになる.(번화가라도 밤 늦게는 조용해진다.)

③ なにとぞ成功(せいこう)するようにお祈(いの)りします。

(아무쪼록 성공하도록 기원합니다.)

④ 酒場(さかば)の雰囲気(ふんいき)が和(なご)やかになれば酒

(さけ)もうまい。

(술집 분위기가 부드러워지면 술도 맛있다.)

⑤ 波(なみ)が穏(おだ)やかになればなるほどいいんです。

(파도가 잔잔해지면 질수록 좋습니다.)

~に〈**부사형**〉	~하게	~になれば	~하게 되면, ~해지면
~に〔と〕なる	~하게 되다	~になればいいのに	~하게 되면 좋을 텐데
~になるように	~하게 되기를	~になればなるほど	~하게 되면 될수록

(6) 「だ・だった」형

① 態度が下品(げひん)だと人に嫌(きら)われる。

(태도가 천하면 타인으로부터 반감을 산다.)

② 元気(げんき)だったらどんなにうれしいだろう。

(건강하면 얼마나 기쁘겠느냐)

③ 幸福(こうふく)だったり、不幸(ふこう)だったりするのが人

生(じんせい)なのだ。(불행하기도 한 것이 인생인 것이다.)

~だと〈**조건**〉	~면
~だったら〈**조건**〉	~면
~だったり ~だったりする	~기도 하고, ~기도 하다

(7) 「어미(だ)탈락」형

① 銭湯(せんとう)には重(おも)さを測(はか)る体重計(たいじゅうけい)がある。

(대중탕에는 무게를 다는 체중계가 있다.)

② 幸(しあわ)せなら感謝(かんしゃ)するべきである。

(행복하다면 감사해야 한다.)

③ 頭(あたま)がとっぴならとっぴなほどいい。

(머리가 뛰어나면 뛰어날수록 좋다.)

④ 私の洋服(ようふく)は立派(りっぱ)すぎる。

(내 양복은 너무 멋있다.)

⑤ 人の嫌(いや)がる仕事(しごと)でも進(すす)んでするのは並大抵(なみたいてい)ではない。

(사람들이 싫어하는 일도 자진해서 한다는 것은 보통일은 아니다.)

~さ 〈명사형〉	~함
~なら 〈조건〉	~면
~なら ~なほど	~면 ~일수록
~すぎる	너무 ~하다
~がる〔がっている〕	~(해)하(고있)다
~なら ~なほど	~면 ~일수록
~そうだ	~와 같이 보인다(직관적 느낌)
~らしい	(들은 바에 의하면)~인 모양이다
~ようだ	~인 것 같다(추측)
~みたいだ	~인 것 같다(추측)

⑥ 顔(かお)だけみれば親切(しんせつ)そうだ。

(얼굴만 보면 친절한 것 같다.)

⑦ 新築(しんちく)した別荘(べっそう)は立派(りっぱ)らしい。

(신축한 별장은 멋진 모양이다.)

⑧ 今(いま)の暮(く)らしが地味(じみ)なようだ。

(지금 생활이 수수한 것 같다.)

⑨ フランス語(ご)が得意(とくい)みたいですね。

(불어는 잘하는 모양입니다.)

1.「～の」형 2.「～な」형
3.「～る」형 4.「～た・だ」형

(1)「～の」형

① この近(あた)りはとても物騒(ぶっそう)ですよ。

(이 주변은 매우 위험해요.)

② その大切(たいせつ)な時間(じかん)を無駄(むだ)に費(つい)
やすな。

(그 소중한 시간을 헛되게 허비하지 말아라.)

③ あの人の行動(こうどう)は見るに見かねない。

(저 사람의 행동은 볼래야 볼 수 없다.)

④ どのプロ野球(やきゅう)チームが一番(いちばん)好きですか。

(어느 프로 야구팀을 제일 좋아합니까?)

⑤ 胃癌(いがん)の患者(かんじゃ)には水をほんの数滴(すうて
き)飲ませるのがいいんです。

(위암 환자에는 물을 불과 몇방울 마시게 하는 것이 좋습
니다.)

⑥ じゃあ、7時(しちじ)に例(れい)の喫茶店(きっさてん)で会い
ましょう。

(그럼 7시에 그 다방에서 만납시다.)

참고

* この : 이
* あの : 저
* ほんの : 그저, 겨우, 불과
* その : 그
* どの : 어느
* れいの : 예의, 그

(2) 「～な」형

① 香港(ホンコン)は英国(えいこく)に大(おお)きな影響(えいきょう)を与(あた)えた。

(홍콩은 영국에게 큰 영향을 주었다.)

② あまり小(ちい)さなことでくよくよするな。

(너무나 작은 일에 끙끙거리지 마라.)

③ 彼女はおかしな話(はなし)ばかりするのよ。

(그녀는 이상한 이야기만 하는 거야.)

④ どんなことがあっても私は止(や)めない。

(어떤 일이 있어도 그만두지 않는다.)

⑤ 学生たちが反対(はんたい)する主(おも)な理由(りゆう)は何(なん)ですか。

(학생들이 반대하는 주된 이유는 무엇입니까?)

참고

• 大きな : 큰
• 小さな : 작은
• おかしな : 이상한
• どんな : 어떤, 어떠한
• おもな : 주된

(3) 「〜る」형

① ある会社(かいしゃ)に勤(つと)めています。

(어떤 회사에 근무하고 있습니다.)

② 彼はいわゆる社会主義者(しゃかいしゅぎしゃ)だ。

(그는 소위 사회주의자이다.)

③ 来(きた)る2002年のワールドカップは、韓国と日本と共同(きょうどう)で開催(かいさい)することになりました。

(오는 2002년 월드컵은 한국과 일본에서 공통으로 개최하게 되었습니다.)

④ いかなる修行(しゅぎょう)でもやってみるつもりです。

(어떠한 수행이라도 해볼 작정입니다.)

⑤ あらゆる方法(ほうほう)を講(こう)じてみたが、やはり駄目(だめ)になった。

(모든 방법을 강구해 보았으나 역시 안되게 되었다.)

⑥ かかる事件(じけん)は二度(にど)とおこさないように。

(그런 사건은 두번 다시 저지르지 않도록.)

참고

- ある : 어떤
- 来る : 오는
- 明くる : 다음, 이듬
- かかる : 이러한, 이와 같은, 그런
- いわゆる : 이른바, 소위
- いかなる : 어떠한
- あらゆる : 모든

(4) 「〜た·だ」형

① 事故(じこ)にはあったが、たいした怪我(けが)ではなかった。

(사고를 당했지만, 대단한 부상은 아이였다.)

② とんだご迷惑(めいわく)をかけまして、誠(まこと)に申(もう)しわけございません。

(당치도 않은 폐를 끼쳐 정말로 죄송합니다.)

참고

• たいした : 대단한, 별 이렇다 할
• とんだ : 뜻밖의, 엉뚱한, 가당치도 않은

 1. 시간의 전후 관계를 나타내는 부사

(1) もう/すでに/とっくに(이미, 벌써)

飛行機(ひこうき)は とっくに出(で)た後(あと)だった。

(비행기는 벌써 떠난 후였다.)

(2) 前(まえ)もって/あらかじめ(미리, 사전에)

参加(さんか)、不参加(ふさんか)のむね、あらかじめお知(し)
らせください。

(참석, 불참석 여부를 미리 알려 주십시오.)

(3) やがて/まもなく/もうすぐ(곧, 머지 않아, 이윽고)

もうすぐクリスマスですね。

(이제 곧 크리스마스군요.)

(4) さっそく/ただちに(즉시, 당장, 곧)

やさしい女(おんな)ならさっそく会(あ)ってみたい。

(상냥한 여자라면 당장 만나보고 싶다)

(5) お先(さき)に(먼저)

お先に失礼(しつれい)します。
(먼저 실례합니다.)

(6) のちほど/あとで(나중에)

では、後(のち)ほどお伺(うかが)いいたします。
(그러면, 나중에 찾아뵙겠습니다.)

2. 경과·결과를 나타내는 부사

(1) どうにか(그럭저럭)

どうにか食(た)べるようになった。
(그럭저럭 밥은 먹게 되었다.)

(2) やっと/ようやく/ようやくのことで(겨우, 가까스로)

ようやく六時(ろくじ)の飛行機(ひこうき)に間(ま)に合(あ)った。
(가까스로 6시 비행기 시간에 댈 수 있었다.)

(3) ついに(마침내, 종국에는)

人間(にんげん)もついに月(つき)に行けるようになった。
(인간도 마침내 달에 갈 수 있게 되었다.)

(4) いよいよ **(드디어, 더욱 더)**

雨(あめ)はいよいよはげしくふりはじめた。

(비는 더욱 더 세차게 내리기 시작했다.)

(5) **結局**(けっきょく)**(결국)**

大学(だいがく)に行くか就職(しゅうしょく)するかまよったが、結局進学(しんがく)に決(き)めた。

(대학에 갈 것인지 취직할 것인지 망설였지만, 결국 진학하기로 했다.)

(6) とうとう **(끝내)**

行方不明者はとうとう見(み)つからなかった。

(행방불명자는 끝내 발견되지 않았다.)

3. 빈도를 나타내는 부사

(1) ひっきりなしに **(끊임없이, 쉴새없이)**

ひっきりなしにほこりが立(た)つ。

(끊임없이 먼지가 난다.)

(2) **絶(た)えまなく/絶(た)えず(쉴새없이)**

外(そと)は絶えまなく雪(ゆき)がふっている。
(밖에는 쉴새없이 눈이 내리고 있다)

(3) **ひんぱんに(빈번히)**

兄(あに)は頻繁(ひんぱん)に美国(べいこく)へ旅行(りょこう)する。(형님은 빈번히 미국에 여행한다.)

(4) **しばしば/たびたび(종종, 자주)**

韓国(かんこく)でもしばしば地震(じしん)が起(お)こる。
(한국에서도 종종 지진이 일어난다.)

(5) **たまに/まれに(가끔, 드물게)**

奈良(なら)では雪(ゆき)がふらないが、まれにふることもある。(나라에는 눈이 오지 않지만, 드물게 오는 경우도 있다.)

(6) **いつも/常(つね)に(항상, 언제나, 늘)**

火事(かじ)には、常に用心(ようじん)しましょう。
(화재에는 항상 조심합시다.)

(7) **始終(しじゅう)/しょっちゅう(노상, 시종, 줄곧)**

田中(たなか)さんはしょっちゅう不平(ふへい)を言(い)っている。(다나까 씨는 노상 불평을 한다.)

4. 정도를 나타내는 부사

(1) だいぶ/かなり/なかなか**(상당히, 꽤, 제법)**

家内(かない)もかなり疲(つか)れているようです。

(아내도 꽤 지쳐있는 것 같습니다.)

(2) 非常(ひじょう)に/ずいぶん**(대단히, 상당히)**

非常に素晴(すば)らしい演説(えんぜつ)をした。

(대단히 멋진 연설을 했다)

(3) 大(おお)いに**(크게)**

お父さんのご意見(いけん)は大いに参考(さんこう)になりました。

(아버님 의견은 크게 참고가 되었습니다.)

(4) じつに/ほんとうに**(정말로, 실로)**

ドイツ語はじつに難(むずか)しいです。

(독일어는 참으로 어렵습니다.)

(5) いっそう/なお/よけいに/さらに/ますます
(더욱 더, 한층 더)

午後(ごご)になると風(かぜ)がいっそうはげしくふいてきた。

(오후가 되니까 바람이 한층 더 거세게 불어왔다.)

5. 무의식적인 행위를 나타내는 부사

(1) つい(그만〈본의 아니게〉)

言うつもりはなかったのに、つい言ってしまった。

(말할 생각은 없었는데 그만 말해 버렸다.)

(2) ふと(문득)

喫茶店(きっさてん)の片隅(かたすみ)にふとばらが目(め)にとまった。

(다방 한 쪽 구석에 얼핏 장미가 눈에 띄었다.)

(3) 思(おも)わず(무의식중에, 엉겁결에)

パトカーが目についたので、思(おも)わず車(くるま)のスピードを落(お)とした。

(경찰차가 눈에 띄었기에 엉겁결에 차의 속도를 줄였다.)

(4) うっかり(무심코, 깜빡하고)

彼女(かのじょ)はうっかり秘密(ひみつ)を漏(も)らしてしまった。(그녀는 그만 깜빡하고 비밀을 누설해 버렸다.)

(5) いつの間(ま)にか(어느 사이에, 어느덧)

カード遊(あそ)びをしていたら、いつの間(ま)にか一時(いち

じ)に なっていた。

(카드놀이를 하고 있었더니, 어느새 1시가 되었다.)

(6) 思(おも)いがけず(뜻밖에)

今朝(けさ)思(おも)いがけず金さんが訪(たず)ねてきた。

(오늘 아침 뜻밖에 김씨가 찾아왔다.)

6. 수량을 나타내는 부사

(1) たった(다만, 단지, 겨우, 단)

たった一度(いちど)富士山(ふじさん)へ登(のぼ)ったことが
あります。(단 한 번 후지산에 오른 적이 있습니다.)

(2) ちょっと(좀, 조금, 잠깐)

ちょっと待(ま)ってください。(잠깐 기다려주세요.)

(3) たっぷり(많이, 듬뿍, 잔뜩)

時間(じかん)はたっぷりあるから安心(あんしん)しなさい。

(시간은 충분히 있으니까 안심하세요.)

(4) すっかり **(말끔히, 몽땅)**

残雪(ざんせつ)もすっかり溶(と)けた。

(잔설도 말끔히 녹았다.)

(5) そっくり **(그대로, 몽땅, 모조리)**

まぜご飯(はん)をそっくり食(た)べてしまった。

(비빔밥을 몽땅 먹어버렸다.)

(6) ざっと **(대강, 대략)**

図書館(としょかん)にはざっと20万冊(にじゅうまんさつ)の
蔵書(ぞうしょ)があるそうだ。

(도서관에는 대략 20만 권의 장서가 있다고 한다.)

(7) せめて **(적어도, 하다못해)**

会(あ)えなくてもせめて手紙(てがみ)でももらえばいいのに。

(만날 수 없어도 하다못해 편지라도 받으면 좋을텐데.)

(8) せいぜい **(기껏해야, 겨우, 고작해서, 최대한)**

ふでで字(じ)が書けるのはせいぜい1日(いちにち)に2時間(に
じかん)ぐらいです。

(붓으로 글씨를 쓸 수 있는 것은 하루에 기껏해야 2시간
정도입니다.)

제8장 의성어 · 의태어

1. 인간과 관련된 표현
2. 사물과 관련된 표현
3. 자연현상과 관련된 표현

1. 인간과 관련된 표현

(1) 성질 · 태도

① まだ若(わか)いんですが、とてもしっかりした人(ひと)です。

(아직 젊습니다만, 매우 건실한 사람입니다.)

② あっさりした態度(たいど)を取(と)るべきである。

(분명한 태도를 취해야 할 것이다.)

③ 竹(たけ)を割(わ)ったようなさっぱりした性格(せいかく)。

(대나무를 쪼개는 것과 같은 시원스런 성격)

④ うっかりして靴下(くつした)をはかずに出(で)かけた。

(깜빡하고 양말을 신지 않고 나갔다.)

⑤ のんびりした性格(せいかく)を大陸性(たいりくせい)とも言(い)う。(느긋한 성격을 대륙성이라고 말한다.)

⑥ おっとりした人柄(ひとがら)がみんなによろこばれる。

(대범한 성품을 모두가 좋아한다.)

참고

• しっかり(する) : 확실히, 빈틈없이, 건실한, 착실한
• あっさり(する) : 산뜻한, 분명한, 깨끗한
• さっぱり(する) : 시원한, 화끈한, 산뜻한
• うっかり(する) : 깜빡, 무심코
• のんびり(する) : 느긋한, 서두르지 않은
• おっとり(する) : 의젓한, 대범한

(2) 기분이나 모습

① お正月(しょうがつ)なのでみんなうきうきしている。

(설이기 때문에 모두 들떠 있다.)

② 胸(むね)をわくわくさせてお土産(みやげ)の包(つつ)みを開(あ)けた。

(가슴을 두근거리며 선물 꾸러미를 풀었다.)

③ カラオケで歌を歌ったら胸(むね)がどきどきした。

(노래방에서 노래를 불렀더니 가슴이 두근거렸다.)

④ 兄(あに)はネクタイを締(し)めて、いそいそと出(で)かけた。

(형님은 넥타이를 매고 부랴부랴 나갔다.)

⑤ 面接試験(めんせつしけん)の直前(ちょくぜん)にして、みんなそわそわしている。

(면접시험을 직전에 두고, 모두들 안절부절 들썽거리고 있다.)

⑥ 山の上(うえ)で深呼吸(しんこきゅう)をしたら頭(あたま)がすっきりした。

(산위에서 심호흡을 했더니 머리가 개운해졌다.)

참고

- うきうき(する) : 들썩들썩, 들썽들썽(기뻐서, 들떠서)
- わくわく(する) : 울렁울렁, 두근두근(설레서)
- どきどき(する) : 두근두근(운동이나 긴장으로 인해)
- いそいそ(する) : 부랴부랴, 서둘러서(신명이 나서)
- そわそわ(する) : 안절부절 못함, 들썽들썽(불안·신경이 쓰여서)
- すっきり(する) : 개운함, 상쾌함, 후련함(화장실에 갔다 온 후 등: 내면적)

(3) 몸의 상태

① 手(て)の傷(きず)がずきずきと痛(いた)む.

(손 상처가 욱신욱신 쑤신다.)

② 二日酔(ふつかよ)いで頭(あたま)ががんがんしている.

(숙취로 머리가 지끈거린다.)

③ 針(はり)に刺(さ)さってちくちくする.

(바늘에 찔려서 따끔따끔하다.)

④ 火傷(やけど)で足(あし)がひりひりしている.

(화상으로 발이 따끔따끔하다.)

⑤ 悪寒(おかん)で, 背中(せなか)がぞくぞくする.

(오한으로 등이 오슬오슬하다.)

⑥ 喉(のど)がからからだ. 冷水(ひやみず)が飲(の)みたい.

(목이 칼칼하다. 냉수가 마시고 싶다.)

참고

- ずきずき(する) : 쿡쿡, 욱신욱신
- がんがん(する) : 지끈지끈, 욱신거리다
- ちくちく(する) : 콕콕, 따끔따끔
- ひりひり(する) : 얼얼, 따끔따끔
- ぞくぞく(する) : 오슬오슬, 오싹오싹
- からから(だ) : 칼칼, 물기가 없이 바짝 마른 모양

(4) 먹는 모습

① おじいさんは口(くち)をもぐもぐさせながらみかんを食(た)べている。

(할아버지는 입을 우물거리면서 귤을 먹고 있다.)

② 育(そだ)ち盛(ざか)りの子(こ)だから何(なん)でももりもり食(た)べる。

(한창 자랄 아이니까 무엇이든 왕성하게 먹는다.)

③ ごくごくと水(みず)を飲(の)み干(ほ)した。

(꿀꺽꿀꺽 물을 다 들이켰다.)

④ 日本人は酒(さけ)をちびちびと飲(の)むそうだ。

(일본사람은 술을 홀짝홀짝 마신다고 한다.)

참고

- もぐもぐ : 우물우물(입을 벌리지 않고 씹는 모양)
- もりもり : 와작와작, 억세게, 왕성하게(먹어대는 모양)
- ごくごく : 꿀꺽꿀꺽, 벌컥벌컥(세차게 들이켜는 소리)
- ちびちび : 홀짝홀짝

(5) 보는 모습

① 小学生(しょうがくせい)がきょろきょろ近(あた)りを見回(み
まわ)していた。

(초등학생이 두리번두리번 주위를 둘러보고 있었다.)

② 男(おとこ)はじっと女(おんな)の顔(かお)を見(み)つめている。

(사나이는 가만히 여자 얼굴을 응시하고 있다.

③ 杖(つえ)をもった人がわたしをじろじろ見ていた。

(지팡이를 가지고 있던 사람이 나를 뚫어지게 보고 있었다.)

④ 隣(となり)の美人(びじん)をちらりと見た。

(옆에 있는 미인을 슬쩍 보았다.)

🚌참 고🚌

- きょろきょろ(する) : 두리번두리번
- じっと(する) : 물끄러미, 지그시, 가만히
- じろじろ(する) : 빤히, 뚫어지게
- ちらりと·ちらっと : 힐끗, 힐끔, 슬쩍

(6) 자는 모습

① うとうとしているうちに降(お)りるバス停(てい)を乗(の)り過(す)ごしてしまった。

(꾸벅꾸벅 조는 사이에 내릴 버스 정류소를 지나쳐 버렸다.)

② 酒(さけ)を飲(の)んだゆうべはぐっすり寝(ね)た。

(술을 마신 어젯밤은 푹 잤다.)

③ 母の腕(うで)の中(なか)ですやすやと眠(ねむ)っている赤(あか)ん坊(ぼう)。

(어머니 팔 안에서 쌔근쌔근 자고 있는 아기)

④ 夫(おっと)はぐうぐういびきをかきながら眠(ねむ)っている。

(남편은 쿨쿨 코를 골며 자고 있다.)

참고

• うとうと(する) : 꾸벅꾸벅(졸다)
• ぐっすり : 푹(자다)
• すやすや : 쌔근쌔근(아기가 자는 모습)
• ぐうぐう : 쿨쿨(코를 골며)

(7) 일을 하는 모습

① さっさとやらないと、日(ひ)が暮(く)れてしまうよ。

(빨랑빨랑 하지 않으면 날이 저물어 버려요.)

② 軍人(ぐんぐん)はきびきびしい態度(たいど)を取(と)る。

(군인은 활기찬 태도를 취한다.)

③ 七十を過(す)ぎてもばりばり働(はたら)いている人が増(ふ)えている。

(70세를 넘겨도 정력적으로 일하고 있는 사람이 늘고 있다.)

④ 失業(しつぎょう)して三年(さんねん)もぶらぶらしている。

(실직하여 3년이나 빈둥빈둥 놀고 있다.)

⑤ 弟(おとうと)は難(むずか)しい問題(もんだい)もすらすら解(と)いた。(동생은 어려운 문제도 척척 풀었다.)

⑥ 父(ちち)の指示(しじ)に従(したが)っててきぱきやったので、仕事(しごと)が早(はや)く終(お)わった。

(아버지 지시에 따라 척척 해치워서 일이 빨리 끝났다.)

⑦ 私は塾(じゅく)に通(かよ)ってこつこつ勉強(べんきょう)した。(나는 학원에 다니며 꾸준히 공부했다.)

참고

- さっさと : 재빨리, 후다닥, 빨랑빨랑
- きびきび(する) : 활기참, 빠릿빠릿함, 발랄함
- ばりばり : 척척, 정력적으로, 왕성하게
- ぶらぶら(する) : 빈둥빈둥(거리다)
- すらすら : 술술, 척척
- てきぱき : 척척, 시원시원하게
- こつこつ : 부지런히, 바지런히, 열심히

(8) 옷을 입은 모습

① 兄貴(あにき)のお下(さ)がりを着(き)てみたらだぶだぶだった。

(형이 물려준 걸 입어 봤더니 헐렁헐렁했다.)

② 帯(おび)をずるずる引(ひ)きずって歩(ある)いている。

(띠를 질질 끌고 다니고 있다.)

③ 去年(きょねん)買(か)ったスカートが もうきつきつだ。

(작년에 산 스커트가 벌써 꽉 낀다.)

⟨참 고⟩

• だぶだぶ(する/だ) : 헐렁헐렁
• ずるずる : 질질 끌림
• きつきつ : 꽉 낌

2. 사물과 관련된 표현

(1) 정도

① 疲(つか)れた時(とき)はコ一ヒ一に砂糖(さとう)をたっぷり入(い)れて飲(の)むといいんです。

(피곤할 때는 커피에 설탕을 듬뿍 넣어서 마시면 좋아요.)

② 姉(あね)はトマトをどっさり買(か)ってきた。

(누나는 토마토를 잔뜩 사왔다.)

③ かばんの中(なか)には1万円札(いちまんえんさつ)がぎっしり入(はい)っている。

(가방 안에는 만엔짜리 지폐가 가득 들어있다.)

④ 愛人(こいびと)どうしがぴったりと寄(よ)り添(そ)って歩(ある)いている。(애인끼리 찰싹 달라붙어 걷고 있다.)

⑤ これがゆずれるぎりぎりの線(せん)です。これ以上(いじょう)は困(こま)ります。(이것이 양보할 수 있는 최대한의 선입니다. 이 이상은 곤란합니다.)

⑥ 2台(にだい)の車(くるま)がすれすれにすれちがった。

(두대의 자동차가 아슬아슬하게 지나쳤다.)

참고

• たっぷり : 듬뿍, 잔뜩(시간이나 양)　• どっさり : 잔뜩, 가득(양)
• うんと : 잔뜩, 실컷, 굉장히 많이(정도나 양)
• ぎっしり : 빽빽하게, 가득, 꽉　• ぴったり(だ/の/する) : 딱, 꼭, 찰싹
• ぎりぎり(だ/の) : 빠듯함　• すれすれ(だ/の) : 아슬아슬, 닿을락말락

(2) 상태·모양

① 地震(じしん)で家族(かぞく)がばらばらになってしまった。

(지진으로 가족이 뿔뿔이 흩어져 버렸다.)

② 引(ひ)っ越(こ)ししたばかりなので、家中(いえじゅう)がごたごたしている。

(이사한 지 얼마 안 되었기 때문에 아직 온 집안이 어수선하다.)

③ 昔(むかし)は着物(きもの)がぼろぼろになっても着(き)ていた。

(옛날에는 옷이 낡아빠져도 입고 있었다.)

④ ポケットに入(い)れた千円札(せんえんさつ)はくしゃくしゃになっていた。

(주머니에 넣어둔 천엔짜리 지폐는 쭈글쭈글해 졌다.)

⑤ 雨(あめ)で洋服(ようふく)がびしょびしょになってしまった。

(비 때문에 양복이 흠뻑 젖어 버렸다.)

⑥ 大雨(おおあめ)で道(みち)はどろどろぬかるみだ。

(큰 비 때문에 길이 질퍽질퍽하다.)

참고

- ばらばら(だ) : 뿔뿔이
- ごたごた(する/だ) : 뒤죽박죽, 어수선한
- ぼろぼろ(だ) : 너덜너덜, 낡아빠짐
- くしゃくしゃ(だ) : 꼬깃꼬깃, 쭈글쭈글
- びしょびしょ(だ) : 흠뻑, 후줄근하게
- どろどろ(する/だ) : 질척질척, 얼룩얼룩

(3) 촉감 · 질감

① 冬(ふゆ)は道(みち)がつるつるすべるから注意(ちゅうい)しなければならない。

(겨울은 길이 미끄러우니 주의해야 한다.)

② 風(かぜ)で砂(すな)が入(はい)ってきて床(ゆか)がざらざらするからふいてください。(바람에 모래가 날려 들어와 마룻바닥이 꺼끌꺼끌하니까 닦아주세요.)

③ 風(かぜ)にはだがかさかさになってしまった。

(바람 때문에 피부가 까칠해졌다.)

④ 海草(かいそう)は表面(ひょうめん)がぬるぬるしている。

(해초는 표면이 미끈미끈하다.)

⑤ ガムが上着(うわぎ)にくっついてねばねばする。

(껌이 저고리에 들러붙어서 끈적끈적하다.

⑥ アンゴラのセーターは ふわふわして着心地(きごこち)がいいです。(앙고라 스웨터는 폭신폭신해서 감촉이 좋습니다.)

참고

- つるつる(する/だ) : 반들반들, 매끈매끈
- ざらざら(する/だ) : 까질까질, 꺼끌꺼끌
- かさかさ(する/だ) : 버석버석, 까칠한, 부석부석
- ぬるぬる(する/だ) : 끈적끈적　　　• かちかち(だ) 딱딱함
- ふわふわ(する/だ) : 폭신폭신, 둥실둥실(구름이나 쿠션 등)
- ふかふか(する/だ) : 폭신폭신, 말랑말랑
- ふにゃふにゃ(する/だ) : 흐늘흐늘, 물렁물렁
- ぐにゃぐにゃ(する) : 흐늘흐늘, 흐물흐물
- ごわごわ(する/だ) : 빳빳함(풀먹인 느낌)

(4) 변화·움직임

① 太陽(たいよう)が沈(しず)むにつれてだんだん暗(くら)くなっ
ていく。(태양이 짐에 따라 점점 어두워 간다.)

② 物価(ぶっか)はどんどん上(あ)がる一方(いっぽう)だ。
(물가는 자꾸자꾸 오르기만 한다.)

③ 日本語がめきめき上手(じょうず)になる。
(일본어가 눈에 띄게 능숙하게 된다.)

④ 病気(びょうき)のせいかますますやせてきて心配(しんぱ
い)だ。(병탓인지, 점점 여위어서 걱정이다.)

⑤ 中国産(ちゅうごくさん)がじりじりと市場(しじょう)に食(く)
いこんできた。
(중국산이 한발한발 시장을 잠식해 들어왔다.)

⑥ 自動車(じどうしゃ)がびゅんびゅん通(とお)るから用心(よう
じん)しなさい。
(자동차가 쌩쌩 지나다니니까 조심하세요.)

참고

• だんだん 점점, 차츰　• どんどん 속속, 자꾸자꾸, 잇따라　• めきめき 부쩍부쩍, 눈에 띄게　• ますます 점점 더, 더욱더　• じりじり 한발한발, 조금씩, 서서히, 착실히　• びゅんびゅん すいすい 획획, 쏙쏙, 술술(거침없는 모양)　• ずんずん 척척, 자꾸자꾸, 거침없이(빨리 진행되는 모양)　• ばーっ(と) 좌악, 확, 획, 쫙　• くるくる 뱅글뱅글, 뱅뱅　• ぐるぐる 빙글빙글, 빙빙　• ころころ 대굴대굴　• ごろごろ 데굴데굴, (천둥이) 우르르　• ふらふら 휘청휘청, 비틀비틀　• ぶらぶら 흔들흔들, 대롱대롱, 어슬렁어슬렁　• ゆらゆら(と/する) 흔들흔들, 한들한들　• ぐらぐら(する) 흔들흔들　• ひらひら(と/する) 팔랑팔랑, 훨훨, 펄펄

● (5) 소리

① 戸(と)をとんとんノックしたら'どなたですか'という声(こ
え)がした。

(문을 똑똑하고 노크했더니 '누구십니까' 하는 소리가 났다.)

② 少年(しょうねん)たちがバケツをがんがん叩(たた)いている。

(소년들이 양동이를 쾅쾅 두들기고 있다.)

③ 小川(おがわ)の水(みず)がちょろちょろ流(なが)れている。

(시냇물이 졸졸 흐르고 있다.)

④ 夕立(ゆうだち)がざあざあ降(ふ)ってきた。

(소낙비가 좍좍 내리기 시작했다.)

⑤ 雨水(あまみず)がぽとぽとと落(お)ちている。

(빗물이 똑똑 떨어지고 있다.)

⑥ 急(きゅう)に電話(でんわ)をガチャンと切(き)った。

(갑자기 전화를 찰카당 끊었다.)

🚌참고🚌

- とんとん : 톡톡, 통통
- かんかん/がんがん : 땡땡, 뗑뗑
- ちょろちょろ : 졸졸
- ざあざあ : 좍좍, 주룩주룩
- ぽとぽと/ぽたぽた : 똑똑, 방울방울
- ガチャン(と) : 찰카당, 쨍그랑
- バリッ(と) : 바지직, 짝
- ボキッ(と)/ポキッ(と)/ぽきぽき : 똑/뚝/뚝뚝
- チョキン(と)/チョキリ(と)/チョキン : 싹둑/싹독/싹둑싹둑

3. 자연현상과 관련된 표현

(1) 날씨 · 온도

① ぽかぽかしてとても うららかな日(ひ)ですね。

(따뜻하고 매우 화창한 날이군요.)

② からりと晴(は)れた秋空(あきぞら)です。

(화창하게 갠 가을하늘입니다.)

③ 夏(なつ)はむしむししていて、夜(よる)も眠(ねむ)れない。

(여름은 푹푹 쪄서 밤에도 잘 수 없다.)

④ 屋外(おくがい)はむっとするような暑(あつ)さだ。

(옥외는 숨이 막일 듯한 더위였다.)

⑤ 梅雨(つゆ)で家の中(なか)がじめじめしている。

(장마로 집안이 눅눅하다.)

참고

- ぽかぽか(する) : 후끈후끈, 따끈따끈
- からりと/からっと(する) : 화창하게, 활짝
- むしむし(する) : 푹푹 찜
- むっと(する) : 숨이 콱 막힐듯함. 후덥지근함
- じめじめ(する) : 눅눅, 축축, 구질구질

● (2) 비·바람·태양·별

① 春風(はるかぜ)がそよそよと吹(ふ)いている。

(봄바람이 살랑살랑 불고 있다.)

② 秋雨(あきさめ)がしとしと降(ふ)っていた。

(가을비가 부슬부슬 내리고 있었다.)

③ どんよりとした梅雨空(つゆぞら)がうっとうしい。

(어둠침침하게 흐린 장마철 하늘이 담담하다.)

④ ぽっかりと白(しろ)い雲(くも)が浮(う)かんでいる。

(두둥실 흰 구름이 떠 있다.)

⑤ 太陽(たいよう)がぎらぎら照(て)っている日(ひ)でした。

(태양이 쨍쨍 내리쬐는 날이었습니다.)

⑥ 夜空(よぞら)に星(ほし)がきらきら光(ひか)っている。

(밤 하늘에 별이 반짝반짝 빛나고 있다.)

참고

- そよそよ : 살랑살랑, 솔솔, 산들산들
- しとしと : 부슬부슬
- どんより(する) : 어두침침함, 어두컴컴함, 뿌연
- ぽっかり : 두둥실
- ふわふわ(する) : 두둥실, 둥실둥실
- かんかん : 쨍쨍, 활활
- ぎらぎら(する) : 쨍쨍, 번쩍번쩍
- ちらちら(する) : 팔랑팔랑, 반짝반짝, 어른어른
- ばらばら/ぱらぱら : 후두둑 후두둑
- きらきら(する) : 반짝반짝
- ぴかっと/ぴかりと/ぴかぴか : 뻔쩍/번쩍/번쩍번쩍(반짝반짝)

제9장 접속사

1. 순접 2. 역접 3. 열거 · 첨가
4. 설명 · 화제의 전환

(1) 순 접

① 母のお手伝(てつだ)いをした。 そして遊(あそ)びに出(で)て
いった。(어머니를 도와드렸다. 그리고 놀러 나갔다.)

② 食(た)べてばかりした。それで太(ふと)っているのです。
(먹기만 했다. 그래서 살이 찌는 겁니다.)

③ あすは行けません。それならあさってはどうですか。
(내일은 갈 수 없습니다. 그렇다면 모레는 어떻습니까?)

④ 先生が走(はし)り出(だ)した。すると犬(いぬ)が追(お)いかけ
ていった。
(선생님이 달리기 시작했다. 그러자 개가 뒤쫓아갔다.)

⑤ 彼は占(うらな)い師(し)だ。だから失業(しつぎょう)する心
配(しんぱい)はない。
(그는 점쟁이이다. 그래서 실직할 염려는 없다.)

⑥ 私は悩(なや)む、ゆえに私がある。
(나는 고민한다, 고로 나는 존재한다.)

▶참고◀

- そして/そうして : 그리고, 그리고 나서
- それで : 그래서, 그러므로, 그리고   • そこで : 그래서, 그런데
- それでは : 그러면, 그럼   • それなら : 그렇다면, 그러면
- すると : 그러자, 그러니까, 그러면   • だから : 그래서, 그러니까
- したがって : 따라서, 그러므로   • なぜなら(ば) : 왜냐하면
- だって : 하지만   • ゆえに : 고로, 그러므로 따라서

102

(2) 역 접

① あの子は供(こども)だ。けれども態度(たいど)は大人並(あとなみ)である。(그 아이는 어리다. 그렇지만 태도는 어른스럽다.)

② 酒(さけ)を飲(の)むのもいいですよ。だけど過(の)み過(す)ぎはいけません。

(술을 마시는 것도 좋아요. 그러나 과음은 안됩니다.)

③ 言(い)うことは偉(えら)い。だが、実行(じっこう)するのはむずかしい。(말하는 것은 훌륭하다. 그러나 실행하는 것은 어렵다.)

④ 医者(いしゃ)が治療(ちりょう)に当(あ)たった。しかし患者(かんじゃ)はついに死(し)んでしまった。

(의사가 치료했다. 그러나 환자는 결국 죽어버렸다.)

⑤ 1年ぐらい勉強(べんきょう)すれば日本語が話(はな)せるという。それなのに2年たっても上達(じょうたつ)しない。

(일년 정도 공부하면 일본어를 말할 수 있다고 한다. 그런데 2년이 지나도 향상되지 않는다.)

⑥ 彼は六十(ろくじゅう)を越(こ)しているが、それにしては若(わか)すぎる。(그는 60세를 넘었지만, 그런 것치고는 너무 젊다.)

참고

- けれども : 그렇지만, 그러나
- だが : 그러나, 하지만
- しかし : 그러나
- それなのに : 그럼에도 불구하고, 그런데도
- それにしては : 그런 것치고는, 아무리 그렇더라도
- それにしても : 그렇긴 해도, 그렇다손 치더라도
- それが : 그런데
- それにもかかわらず : 그럼에도 불구하고
- だけど : 그렇지만, 그런데
- でも : 하지만
- ところが : 그러나
- それでも : 그런데도

(3) 열거 · 첨가

① また、おいでください。(또 와주십시오.)

② 父兄(ふけい)並(なら)びに御来賓(ごらいひん)の皆様(みなさま)、ご出席(しゅっせき)、誠(まこと)にありがとうございます。(학부형 및 내빈여러분, 참석해 주셔서 정말 감사합니다.)

③ ニュ―スは正確(せいかく)、かつ速(は)く報道(ほうどう)されなければならない。

(뉴스는 정확하고 게다가 신속하게 보도되어야 한다.)

④ 汗(あせ)も出(で)るし、それにひどい咳(せき)で苦(くる)しんでいます。

(땀도 나고 게다가 심한 기침으로 괴로워하고 있습니다.)

⑤ 映画(えいが)を見(み)て、それから八百店(やおや)でほうれんそうをかってきた。

(영화도 보고 그리고 나서 채소가게에서 시금치를 사왔다.)

⑥ 家貸(やちん)がまた上(あ)がりました。大変(たいへん)ですね。それはそうと、旅行(りょこう)の計画(けいかく)は立(た)てましたか。(집세가 또 올랐습니다. 큰일인데요. 그건 그렇고 여행 계획은 세웠습니까?)

참고

- また : 또, 또한
- および/ならびに : 및
- かつ//さらに : 또, 게다가, 그 위에
- おまけに/それに/そのうえ : 게다가, 그 위에 더구나
- しかも : 더구나, 게다가
- そして : 그리고
- それから : 그리고, 그 다음에, 그리고 나서
- それはそうと : 그건 그렇고
- それはさておき : 그건 그렇다 치고, 그건 그렇고(화제전환)

(4) 설명 · 화제의 전환

① 親(おや)や他人(たにん)の援助(えんじょ)を期待(きたい)する。要(よう)するに自立心(じりつしん)が欠(か)けているのだ。

(부모나 남의 도움을 기대한다. 요컨대 자립심이 부족한 것이다.)

② 私の兄の息子(むすこ)、つまり甥(おい)が結婚(けっこん)するんです。

(저의 형님의 아들, 즉 제 조카가 결혼합니다.)

③ さて、お兄(にい)さんのことですが、解決(かいけつ)がつきましたか。

(그건 그렇고, 형님일입니다만 해결이 되었습니까?)

🚌 참 고 🚌

- 要するに : 요컨대, 결국
- すなわち : 즉, 다시 말하면
- つまり : 즉, 요컨대
- さて : 그런데, 그건 그렇고
- ところで : 그런데, 그것은 그렇고

 1. 격조사 : 체언에 붙어, 그것이 다른 말이나 문절과
어떤 자격으로 이어지는가를 나타낸다.

(1) が

① 大型(おおがた)の本屋(ほんや)がたくさんある。

(큰 책방이 많이 있다.)

② ああ、疲(つか)れた。コーヒーが飲(の)みたいなあ。

(아! 피곤해. 커피가 마시고 싶다.)

③ 僕(ぼく)はブタ肉(にく)が大嫌(だいきら)いです。

(나는 돼지고기를 매우 싫어합니다.)

④ 野球(やきゅう)が大好(だいす)きです。

(야구를 아주 좋아합니다.)

⑤ 中村(なかむら)さんは英語(えいご)が下手(へた)です。

(나카무라씨는 영어를 못합니다.)

⑥ 彼(かれ)は自由(じゆう)に話(はな)せるくらい日本語が上手
(じょうず)です。

(그는 자유롭게 말할 수 있을 정도로 일본어를 잘 합니다.)

참고

가능, 희망, 능력, 감정, 기호 등의 대상을 나타낼 때에는, 우리말 해석이
「 ～을(를)」로 되더라도 조사는 「 ～が」를 쓴다는 점에 유의해야 한다.

① ～が分(わ)かる : ～을 안다.　　② ～が上手(じうず)だ : ～을 잘 한다.

③ ～が好(す)きだ : ～을 좋아한다.　④ ～がほしい : ～을 갖고 싶다.

⑤ ～が下手(へた)だ : ～을 못한다.　⑥ ～が(きら)いだ : ～을 싫어하다.

(2) の(명사와 명사를 접속)

① 部屋(へや)の壁(かべ)に家族(かぞく)の写真(しゃしん)がか
  けてあります。(방 벽에 가족 사진이 걸려 있습니다.)

② 汽車(きしゃ)が走(はし)っているのが見(み)えます。
  (기차가 달리는 것이 보입니다.)

③ きょうは疲(つか)れ果(は)てて何(なに)もしたくないの。
  (오늘은 몹시 피곤해서 아무것도 하고 싶지 않아요.)

④ 授業(じゅぎょう)のない日(ひ)はちょっと遅(おそ)く起(お)
  きます。(수업이 없는 날은 좀 늦게 일어납니다.)

⑤ エコノミストの鈴木(すずき)さんにはたくさんの著書(ちょ
  しょ) がある。
  (경제학자인 스즈끼씨께는 많은 저서가 있다.)

⑥ あれ、あなたも大阪(おおさか)へ行(いっ)たの。
  (어머, 당신도 오오사까에 갔었어요?)

⑦ 自分(じぶん)の読(よ)んだもの<u>の</u>1割(いちわり)もろくに覚
  (おぼ)えていないそうだ。
  (우리는 자기가 읽은 것이 1할도 제대로 기억하지 못한다고
  한다.)

참 고

① の는 명사와 명사의 접속   ② の는 명사절
③ の는 문장 끝에서 화자의 기분을 나타냄(종조사)
④ の는 주어를 나타냄   ⑤ の는 동격 조사
⑥ の는 문장 끝에서 의문을 나타냄(종조사)
⑦ の는 일부분을 나타내는 조사

(3) を

① 金さんは日本留学(にほんりゅうがく)を目指(めざ)して日本語を勉強(べんきょう)しています。

(김씨는 일본유학을 목표로 해서 일본어를 공부하고 있습니다.)

② 子供(こども)をお使(つか)いに行(い)かせたらいけません。

(아이를 심부름 보내면 안됩니다.)

③ 9時(くじ)に京都駅(きょうとえき)を出発(しゅっぱつ)することになっている。

(아홉시에 쿄또역을 출발하기로 되어 있다.)

④ 彼(かれ)は三年を刑務所(けいむしょ)で過(す)ごした。

(그는 3년을 교도소에서 보냈다.)

⑤ 東京(とうきょう)の上空(じょうくう)を飛(と)んでいる。

(도쿄 상공을 날고 있다.)

⑥ 僕(ぼく)は毎日(まいにち)父(ちち)の仕事(しごと)を手伝(てつだ)っています。

(나는 매일 아버지 일을 돕고 있습니다.)

참고

① ~を(을) 목적이나 대상
② ~を(을) 사역이나 수동의 대상
③ ~を(을) 동작의 기점
④ ~を(을) 경과 시간
⑤ ~を(을) 이동하는 장소
⑥ ~を(을) 동작의 목적

(4) に

① 元旦(がんたん)にはお寺(てら)にお参(まい)りに行(い)く。

(설날 아침에는 사찰에 참배하러 간다.)

② 5人(ごにん)に一人(ひとり)が下宿(げしゅく)だ。

(다섯 사람에 한 사람이 하숙이다.)

③ 各種(かくしゅ)の新聞(しんぶん)は図書館にあります。

(각종 신문은 도서관에 있습니다.)

④ とんぼが木(き)の枝(えだ)に止(と)まっています。

(잠자리가 나무 가지에 앉아 있습니다.)

⑤ 東京駅(とうきょうえき)に着(つ)いたばかりです。

(도쿄역에 지금막 도착했습니다.)

⑥ おかげさまで、課長(かちょう)に昇進(しょうしん)いたしました。

(덕택으로, 과장으로 승진했습니다.)

⑦ 彼女(かのじょ)に手紙(てがみ)を書(か)くつもりです。

(그녀에게 편지를 쓸 생각입니다.)

⑧ 雨(あめ)があがったら散歩(さんぽ)に行くのだ。

(비가 그치면 산책하러 가는 거다.)

🚌 참고

① ~に(에) 동작이 행해진 시간 ② ~に(에) 동작의 빈도나 횟수
③ ~に(에) 존재하는 장소 ④ ~に(에) 동작이 정지되어 있는 장소
⑤ ~に(에) 동작의 도착점 ⑥ ~に(로, 가) 변화의 결과나 상태
⑦ ~に(에게) 동작·작용이 미치는 대상
⑧ ~に(하러) 목적

(5) へ

① 幼(おさな)い子(こ)は母(はは)のほうへはしっていった。

(어린 아이는 어머니 쪽으로 달려갔다.)

② 中村(なかむら)さんは川(かわ)へざぶんととびこんだ。

(나카무라씨는 강에 첨벙 하고 뛰어들었다.)

③ お土産(みやげ)があるの、これはお母(かあ)さんへ。

(선물이 있어. 이것은 어머니께)

④ 寝(ね)ようとしたところへ友達(ともだち)がきた。

(자려고 하는데 친구가 왔다.)

참고

① ~へ(로) 동작의 방향

② ~へ(에, 로) 동작의 기착점. 장소

③ ~へ(에게) 대상이나 목표

④ ~ところへ(하는 참에, 하려는데) 그 순간

•(6) で

① 兄(あに)と公園(こうえん)で待(ま)ち合(あ)わせることにしました。

(형님과 공원에서 만나기로 했습니다.)

② たった二時間(にじかん)で小説(しょうせつ)を読(よ)みきった。

(단 2시간 만에 소설을 다 읽었다.)

③ 会社(かいしゃ)には車(くるま)で行(い)きます。

(회사에는 승용차로 갑니다.)

④ 日本酒(にほんしゅ)は何(なん)でできていますか。

(청주는 무엇으로 만들어져 있습니까?)

⑤ 第(おとうと)は車(くるま)を3千万円(さんぜんまんえん)で買(か)ったそうだ。

(동생은 차를 3천만엔에 샀다고 한다.)

⑥ 一度(いちど)の失敗(しっぱい)で、長年(ながねん)の努力(どりょく)が水(みず)の泡(あわ)になった。

(한 번의 실수로, 수년간의 노력이 수포로 돌아갔다.)

⑦ 田山(たやま)さんは38で結婚(けっこん)した。

(다야마 씨는 38세에 결혼했다.)

참 고

① ~で(에서) 동작이 행해지는 장소　② ~で(에) 기준·수량
③ ~で(로) 수단 및 도구　④ ~で(로) 재료
⑤ ~で(에, 로) 소요시간·경비 등의 조건
⑥ ~で(로, 때문에) 원인·이유　⑦ ~で(로) 시한·연령

(7) から

① 大阪(おおさか)へは奈良(なら)から1時間(いちじかん)足(た)らずで行(い)ける。

(오사까에는 나라에서 1시간이 채 안 되서 갈 수 있다.)

② 資金不足(しきんぶそく)から会社(かいしゃ)が倒(たお)れた。

(자금부족으로 회사가 쓰러졌다.)

③ 水(みず)は水素(すいそ)と酸素(さんそ)から成(な)る。

(물은 수소와 산소로 이루어져 있다.)

④ 区役所(くやくしょ)が住民(じゅうみん)から非難(ひなん)されている。(구청이 주민으로부터 비난을 받고 있다.)

⑤ お金(かね)がないから無視(むし)された。

(돈이 없어서 무시당했다.)

⑥ 停年退職(ていねんたいしょく)してから、書道(しょどう)に はげんだ。(정년 퇴직하고 나서 서예에 몰두했다.)

⑦ 政府(せいふ)が樹立(じゅりつ)されてから52年(ごじゅうにねん) になります。

(정부가 수립된 지 52년이 됩니다.)

⑧ 我々(われわれ)から見(み)れば当(あ)たり前(まえ)なことです。(우리들 입장에서 보면 당연한 일입니다.)

참고

① ~から(에서) 동작·작용의 출발·기점　　② ~から(이므로) 원인·이유점. 장소

③ ~から(로) 재료·구성 요소　　④ ~から(한데서) 동작·작용이 비롯되는 사람

⑤ ~から(니까, 이므로) 원인·이유　　⑥ ~から(하고나서) 동작의 연속

⑦ ~から(한 지) 시간의 경과　　⑨ ~から(로 보면) 관용적 표현

(8) より

① 行事(ぎょうじ)は10月1日(じゅうがつついたち)より 開催(かいさい)されます。

(행사는 10월 1일부터 개최됩니다.)

② ソウルより 東京への 航空便(こうくうびん)は 毎日(まいにち)あります。

(서울에서 도쿄로 가는 항공편은 매일 있습니다.)

③ 今年(ことし)は 昨年(さくねん)より 雨(あめ)が 多(おお)いそうだ。(금년은 작년보다 비가 많다고 한다.)

④ 春(はる)が 来(く)るまで 待(ま)つよりほかない。

(봄이 올 때까지 기다릴 수밖에 없다.)

⑤ どんな 所(ところ)よりも 自分(じぶん)の 住(す)んでいる 所が 一番(いちばん)いいものだ。

(어떤 곳보다 자기가 살고 있는 곳이 가장 좋은 법이다.)

⑥ 彼(かれ)は 先生というよりは 商人(しょうにん)というのがましだ。(그자는 선생이라기 보다는 상인이라고 하는 것이 더 적당하다.)

참고

① ~より(부터, 에서) 동작·작용이 시작되는 시간
② ~より~へ(에서, 로) 동작·작용이 시작되는 장소
③ ~より(보다) 비교의 기준
④ ~よりほかない(할 수밖에 없다) 한정
⑤ ~よりも(보다도) 강조
⑥ ~というよりは(라고 하기보다는) 관용적 표현

(9) と

① りんごとみかんを入(い)れてください。

(사과와 귤을 넣어 주세요.)

② 秋子(あきこ)さんは兄(あに)と結婚(けっこん)した。

(아키코 씨는 형님과 결혼했다.)

③ 見(み)るのと聞(き)くのとでは大きく違(ちが)う。

(보는 것과 듣는 것은 크게 다르다.)

④ 成功(せいこう)したのだと思(おも)った。

(성공한 것이라고 생각했다.)

⑤ この会社(かいしゅや)に成田という人がいますか。

(이 회사에 나리타라는 사람이 있습니까?)

⑥ 塵(ちり)も積(つ)もれば山(やま)となる。

(먼지도 쌓이면 산이 된다=티끌 모아 태산.)

⑦ 天気予報(てんきよほう)ではあすは雪(ゆき)だということだ。

(일기예보로는 내일은 눈이 온다고 한다.)

🚌참고🚌

① ~と (와, 과) 열거 · 비교
② ~と (와) 동작의 대상
③ ~と (와, ~와) 비교의 대상
④ ~と (라고) 인용을 나타냄
⑤ ~と (라는) 사고 · 행동의 내용
⑥ ~と (가 되다) 결과
⑦ ~と (라고 한다) 전달사항

(10) や

① 机(つくえ)の上(うえ)に本(ほん)やノート、消(け)しゴムな どがあります。

(책상 위에 책이랑 노트, 지우개 등이 있습니다.)

② 作業(さぎょう)は二日(ふつか)や三日(みっか)では終(お)わ らない。

(작업은 2~3일로는 끝나지 않는다.)

③ またも失敗(しっぱい)した。でも来年(らいねん)もあるから、 まあ、これでいいや。

(또다시 실패했다. 하지만 내년도 있으니까, 뭐 이것으로 됐다.)

④ 今朝(けさ)は目覚(めざ)まし時計(どけい)が鳴(な)るやいな や跳(と)び起(お)きた。

(오늘 아침에는 자명종이 울리자마자 벌떡 일어났다.)

참고

① ~や(랑, 며) 열거
② ~や(이나) 불확실
③ ~や(야, 구나) 혼잣말
④ ~や(하자마자) 관용적 표현

2. 계조사 : 여러 가지 말에 붙어서 어떤 의미를 부여하고,
뒤에 오는 술어 문절의 서술방법을 한정한다.

(1) は

① 象(ぞう)は鼻(はな)が長(なが)い。

(코끼리는 코가 길다.)

② 西洋人(せいようじん)には成人病(せいじんびよう)が多(おお)いようです。

(서양인에게는 성인병이 많은 것 같습니다.)

③ かつての韓国人(かんこくじん)は刺身(さしみ)はあまり食
(た)べませんでした。

(이전의 한국인은 생선회는 그다지 먹지 않았습니다.)

④ 最近(さいきん)の男性(だんせい)は女性化(じょせいか)して
いく 傾向(けいこう)がある。

(최근의 남성은 여성화되어 가는 경향이 있다.)

⑤ 大学(だいがく)に行っては、勉強(べんきょう)はしないでデ
モばがりしている。

(대학에 가서 공부는 하지 않고 데모만 하고 있다.)

⑥ やるにはやったが、やっぱりだめだった。

(해 보기는 했지만, 역시 허사였다.)

참고

① ~は(는) 서술상의 주체   ② ~は(는) 앞에 나온 주어를 다시 서술
③ ~は(는) 특별히 내세워 다른 것과 구별   ④ ~は(는) 두 가지 사항을 비교
⑤ ~ては(하고서는) 앞에서 서술한 내용이 기대에 못미침
⑥ ~には(하기는) 신통치 못하거나 마음에 들지 않음

(2) も

① この雑誌(ざっし)も買(か)います.

(이 잡지도 사겠습니다.)

② わたしもやるが、きみもやってほしい.

(나도 하겠지만, 자네도 해 주기 바란다.)

③ 野(の)も山(やま)もすべて桜(さくら)の花(はな)だ.

(들도 산도 모두 벚꽃이다.)

④ デパートを建(た)てるのに3年(さんねん)もかかった.

(백화점을 짓는 데에 3년이나 걸렸다.)

⑤ 彼はフランス語だけでなく、ドイツ語もできる.

(그는 불어 뿐만 아니라, 독일어도 할 수 있다.)

⑥ 事故(じこ)があった. 生(い)き残(のこ)った者(もの)は一人も
いなかった.(사고가 있었다. 생존자는 한 명도 없었다.)

⑦ 忙(いそが)しくて休(やす)む暇(ひま)もなかった.

(바빠서 쉴 틈 조차도 없었다.)

⑧ 都会(とかい)では誰も彼も携帯電話(けいたいでんわ)を持
(も)っている.

(도시에서는 너나할 것 없이 휴대폰을 갖고 있다.)

참고

① ~も(도) 나열
② ~も(도, 도) 첨가 · 열거
③ ~も(이나) 놀람
④ ~も(이나 되는) 수량 · 정도에 대한 강도
⑤ ~も(뿐만 아니라, 도) 완전 긍정
⑥ ~も(도) 완전 부정
⑦ ~も(조화도) 강조
⑧ ~も(너나 할 것 없이) 관용적 표현

(3) さえ

① 子供(こども)さえ知(し)っているようなことをおとなが知ら
ないとは恥(は)ずかしいことだ。

(어린이조차 알고 있는 일을 어른이 모른다는 것은 창피한 일
이다.)

② お金(かね)さえあれば何(なん)でも買(か)える。

(돈만 있으면 무엇이나 살 수 있다.)

③ 確認(かくにん)さえすればよかったのに。

(확인만 했으면 좋았을 텐데)

참고

① ~さえ(조화, 마저) 강조
② ~さえあれば(만 있으면) 조건(그것만 구비하면)
③ ~さえすれば(하기만 하면) 조건

(4) だって

① 子供(こども)だって、こんな漢字(かんじ)は知(し)ってるんです。

(어린애라도 이런 한자는 알고 있습니다.)

② 物忘(ものわす)れするのは、君(きみ)だって同(おな)じだ。

(건망증이 있는 것은 자네도 역시 마찬가지야.)

③ 金さん婚約(こんやく)したんだって。(김씨 약혼했다는군.)

참고

① ～だって(라도, 조차) 강조
② ～だって(또한, 역시) 똑같다는 것을 강조
③ ～だって(라고 한다) 인용〈종조사〉

3. 부조사 : 여러 가지 말에 붙어서 그 문절에 부사적인 성질·기능을 부여하여 뒤에 오는 용언을 한정한다.

 (1) まで

① 会社は九時(くじ)から六時(ろくじ)までです。

   (회사는 9시부터 6시까지입니다.)

② バス停(てい)まで歩(ある)きましょう。

   (버스정류소까지 걸읍시다.)

③ この会場(かいじょう)は50人(ごじゅうにん)まで座(すわ)れる。

   (이 회장에는 50명까지 앉을 수 있다.)

④ 弟(おとうと)まで僕(ぼく)を信(しん)じてくれないんだね。

   (동생까지 나를 믿어 주지 않는군.)

⑤ わざわざ帰(かえ)るまでもない。

   (일부러 돌아갈 것 까지도 없어.)

⑥ 取(と)り急(いそ)ぎ、お知(し)らせまで。

   (급한 대로 우선 알려 드립니다.)

⑦ 今日(きょう)はここまででやめます。

   (오늘은 여기에서 마치겠습니다.)

참고

① ~から~まで(부터 ~까지) 시간의 한도
② ~まで(까지) 장소의 한도
③ ~まで(까지) 범위나 정도
④ ~まで(까지) 강조
⑤ ~までもない(할 것 까지도 없다.) 관용적 표현
⑥ お＋명사＋まで(드립니다) 서간문에서의 관용 표현
⑦ ~までで(까지로, 정도로) 인사 관용 표현

(2) か

① 車(くるま)は白(しろ)か黒(くろ)でした。

　(차는 백색이나 검정이었습니다.)

② 病気(びょうき)のせいか、顔色(かおいろ)がわるい。

　(병 탓인지 안색이 나쁘다.)

③ 良(よ)いか悪(わる)いか、はっきり言(い)いなさい。

　(좋은지 나쁜지 분명히 말하세요.)

④ あんなに説明(せつめい)したのにまだわからないのか。

　(그렇게 설명했는데도 아직 못 알아 듣겠어?)

⑤ 勉強(べんきょう)どころか悪(わる)い事(こと)ばかりする。

　(공부는 커녕 나쁜 짓만 한다.)

⑥ 読(よ)もうか読(よ)むまいかまよった。

　(읽어야 할지 읽지 말아야 할지 망설였다.)

참고

① ~か(인가, 인지) 불확실한 추정

② ~か(인지) 불확실한 느낌이나 생각

③ ~か~か(~이든 ~이든, ~인지 ~인지) 선택

④ ~か(는가) 상대방에 대한 비난 〈종조사〉

⑤ ~どころか(~는 커녕) 관용적 표현

⑥ ~か~まい(해야 할지 어떨지) 관용적 표현

(3) やら

① 彼の話(はなし)は何(なん)のことやらさっぱりわからない。

(그 사람의 이야기는 무슨 말인지 도무지 모르겠다.)

② 戦争(せんそう)が終(お)わるのはいつのことやら。

(전쟁이 끝나는 것은 언제일지)

③ 万年筆(まんねんひつ)やらかばんやら買(か)いたいものがた

くさんある。

(만년필이며 가방이며 사고 싶은 것이 잔뜩 있다.)

참고

① ~やら(인지, 는지) 불확실한 추측
② ~やら(인, 는지) 불확실한 의문, 여운착점. 장소
③ ~やら~やら(이며, 이며) 열거

(4) だの

① 家具(かぐ)だの生活用品(せいかつようひん)だのをそろえた。

(가구니 생활용품이니 해서 준비했다.)

② 若(わか)い時(とき)は、 正義(せいぎ)だの理想(りそう)だの

とさかんにいったものだ。(젊었을 때는 정의라든가 이상이라든

가 왕성하게 말했던 것이다.)

참고

① ~だの~だの(라든가, 라든가) 열거
② ~だの~だの(라는 둥, 라는 둥) 열거

(5) なり

① 行くなりやめるなりはやく決(き)めろ。

(가든지 말든지 빨리 정해라.)

② 帰宅(きたく)するなり床(とこ)に入(はい)ってしまった。

(집에 오자마자 잠자리에 들어갔다.)

③ せめてわたしになり相談(そうだん)してさえくれたらよかっ
たのに。

(적어도 나한테만이라도 의논해 주었으면 좋았을 텐데.)

④ このプロゼクトには大(だい)なり小(しょう)なりリスクが伴
(ともな)う。

(이 프로젝트에는 크건 작건 위험이 따른다.)

🚌 참고 🚌

① ~なり~なり(든지, 든지) 둘 이상에서 하나를 선택
② 기본형＋~なり(하자마자) 동시동작
③ ~になり(하다못해 ~라도) 최소한의 기대나 부탁
④ 大なり 小なり(크든 작든) 관용적 표현

(6) ばかり

① 二週間(にしゅうかん)ばかり日本へ行(い)ってきたい。

(이주일 정도 일본에 다녀오고 싶다.)

② 勉強(べんきょう)ばかりしないで運動(うんどう)もしなさい。

(공부만 하지 말고 운동도 하세요.)

③ 雨(あめ)ばかりか風(かぜ)も強(つよ)く吹(ふ)いた。

(비뿐만 아니라 바람도 세차게 불었다.)

④ きのう横浜(よこはま)に着(つ)いたばかりです。

(어제 요코하마에 막 도착했습니다.)

⑤ あなたの奥(おく)さんは目(め)を奪(うば)うばかりの美人(び

じん)なん ですよ。

당신 부인은 눈이 확 뜨일 정도의 미인이예요.)

⑥ 夫婦(ふうふ)の感情(かんじょう)の溝(みぞ)は深(ふか)まる

ばかり です。

(부부의 감정의 골은 깊어지기만 할 따름입니다.)

참고

① ~ばかり(정도, 가량) 분량이나 정도를 한정
② ~ばかり(만, 뿐) 한정의 뜻을 강조
③ ~ばかりか(뿐만 아니라) 다른것 을 강조
④ ~たばかりだ(방금(막) ~하다) 동작이 끝난 지 얼마 안됨
⑤ ~ばかりの(할 정도의) 비유
⑥ ~ばかりだ(할 따름이다) 정도의 강조

(7) だけ

① 自由行動(じゆうこうどう)が許(ゆる)されるのは今日(きょう)だけだ。

(자유 행동이 허용되는 것은 오늘 뿐이다.)

② 予想(よそう)しなかっただけに喜(よろこ)びも大きい。

(예상하지 않았던 만큼 기쁨도 크다.)

③ 性格(せいかく)が明(あか)るいだけでなく頭(あたま)もいい。

(성격이 밝을 뿐만 아니라 머리도 좋다.)

④ 食(た)べれば食べるだけ太(ふと)ります。

(먹으면 먹는 만큼 살이 찝니다.)

⑤ 幸(さいわ)い軽(かる)い怪我(けが)をしただけですんだ。

(다행히 가벼운 상처밖에 입지 않았다.)

⑥ 専門家(せんもんか)だけあって、彼はやっぱりその分野(ぶんや)に詳(くわ)しい。

(전문가인 만큼, 그는 역시 그 분야에 전통하다.)

⑦ 苦労(くろう)しただけのことがあって、いい作品(さくひん)ができたと思(おも)う。

(고생한 보람이 있어서, 좋은 작품이 나왔다고 생각한다.)

참 고

① ~だけ(만, 뿐) 한정
② ~だけ(만큼) 정도
③ ~だけでなく(뿐만 아니라) 첨가
④ ~だ~だけ(면 ~만큼) 관용적 표현
⑤ ~だけで(만으로도) 관용적 표현
⑥ ~だけあって(인 만큼) 관용적 표현
⑦ ~だけのことがあって(보람이 있어서) 관용적 표현

(8) ほど

① 私は1年(いちねん)ほど塾(じゅく)に通(かよ)った.

(나는 일 년 정도 입시학원에 다녔다.)

② 私はあなたほど上手(じょうず)に書(か)けません.

(나는 당신만큼 능숙하게 쓸 수 없습니다.)

③ 私にとって虎(とら)ほど怖(こわ)いものはない.

(내겐 호랑이처럼 무서운 것이 없다.)

④ 昨夜(さくや)の夢(ゆめ)は身(み)の毛(け)がよだつほどこわ

かったね.

(어젯밤 꿈은 몸이 오싹할 정도로 무서웠지.)

⑤ 読めば読むほど面白(おもしろ)い小説(しょうせつ)だ.

(읽으면 읽을수록 재미있는 소설이다.)

참고

① ～ほど(정도, 쯤) 분량·정도의 한정
② ～ほど(만큼) 정도의 비교
③ ～ほど(처럼) 정도의 비교
④ ～ほど(할 정도, 할 만큼) 상태의 정도
⑤ ～ば～ほど(하면 ～할수록) 관용적 표현

(9) のみ

① 煙草(たばこ)は大人(おとな)のみ買(か)えます。

(담배는 어른만 살 수 있습니다.)

② お米(こめ)のみでは生(い)きられない。

(쌀만으로는 살 수 없다.)

③ 入試(にゅうし)には最善(さいぜん)を尽(つ)くすのみだ。

(입시에는 최선을 다할 따름이다.)

④ 日本のみならず中国(ちゅうごく)の女性(じょせい)たちにも

影響(えいきょう)を及(およ)ぼした。

(일본 뿐만 아니라 중국 여성들에게도 영향을 미쳤다.)

참 고

① ～のみ(만, 뿐) 한정
② ～のみ(만, 뿐) 한정
③ ～のみだ(일 따름이다) 관용적 표현
④ ～のみならず(뿐만 아니라) 관용적 표현

(10) くらい・ぐらい

① 船(ふね)で行けば1時間(いちじかん)くらいかかる。

(배로 가면 한 시간 정도 걸린다.)

② 少(すこ)し飲(の)むくらいなら、いっそ飲まない方(ほう)がいい。(조금 마실 바에는 차라리 마시지 않는 것이 좋다.)

③ サッカーくらい人気(にんき)のあるスポーツはない。

(축구만큼 인기가 있는 스포츠는 없다.)

④ 手紙(てがみ)ぐらいしてくれたっていいじゃない。

(편지 정도 해 주면 좋잖아요.)

⑤ 悲(かな)しさに、泣(な)きたいくらいだった。

(슬픈 나머지 울고 싶을 정도였다.)

참고

① ~くらい(정도) 수나 양의 정도
② ~くらいなら(정도라면, 바에는) 비교 (최소한)
③ ~くらい~はない(만큼 은 없다) 비교 (최상급)
④ ~くらい(쯤, 정도) 가벼운 비난 ⑤ ~くらい(정도) 동작과 상태의 정도

(11) すら

① こんな易(やさ)しい計算(けいさん)すら出来(でき)ない。

(이런 쉬운 계산조차 못한다.)

② 立(た)ち上(あ)がることすらできない。

(일어설 수조차 없다.)

참고

①② ~すら(조차, 마저) 강조, 힐난이나 비난조

•(12) きり

① 年寄(としよ)り二人(ふたり)きりで過(す)ごしている.

(노인 단 둘이서 지내고 있다.)

② 一人(ひとり)きりで暮(く)らすのはつらい.

(단 혼자서 생활한다는 것은 괴롭다.)

③ 手持(ても)ちのお金(かね)は千円(せんえん)しかない.

(갖고 있는 돈은 천엔 밖에 없다.)

④ 家(うち)に入(はい)ったきり出(で)て来(こ)ない.

(집에 들어간 채 나오지 않는다.)

⑤ 田中(たなか)さんとは あれっきり会(あ)っていない.

(다나까씨와는 그 후로 만나지 않았다.)

참고

① ~きり(만) 한정　　　② ~きり(만) 한정

③ ~きり(밖에) 부정의 강조　　④ ~たきり(한 채) 그것을 최후로

⑤ ~きり(그 후로) 그것을 마지막으로

(13) など・なんか

① テニスやバレーボールなどのスポーツをしています。

(테니스나 배구 등의 스포츠를 하고 있습니까?)

② わたしなどにはコンピューターはだめです。

(나같은 사람은 컴퓨터는 못합니다.)

③ 新聞(しんぶん)など要(い)らない。

(신문 따위는 필요 없다.)

④ 君(きみ)の泣(な)き言(ごと)なんか聞(き)きたくないよ。

(자네의 우는 말소리 따위는 듣고 싶지 않아.)

참고

① ~など(등) 비슷한 사항을 열거
② ~など ~なんか(같은 사람) 겸손의 뜻
③ ~など ~なんか(따위) 경멸의 뜻
④ ~なんか(따위) 비난의 뜻

4. 접속사 : 용언이나 조동사에 붙어서
앞의 문절을 뒤의 문절에 이어준다.

(1) と

① 品物(しなもの)がよくないと、買(か)いませんよ。

(물건이 좋지 않으면, 사지 않겠어요.)

② 空港(こうくう)に着(つ)いてみると、もう出発(しゅっぱつ)
した後(あと)だった。

(공항에 도착해 보니, 이미 출발한 후였다.)

③ 長(なが)いトシネルを抜(ぬ)けると雪国(ゆきぐに)であった。

(긴 터널을 빠져 나오자 눈의 고장이었다.)

④ あんな映画(えいが)は二度(にど)と見(み)まい。

(그런 영화는 두번 다시 보지 않겠다.)

참 고

① 〜と(면) 가정조건　　　② 〜と(했더니) 경험에 의해 확인된 사실
③ 〜と(하자 곧) 거의 동시에, 잇달아 발생　④ 二度と(두번 다시) 관용적 표현

(2) ながら

① テレビを見ながら食事(しょくじ)をする。

(텔레비전을 보면서 식사를 한다.)

② お金(かね)がありながらないという。

(돈이 있으면서도 없다고 한다.)

참 고

① 〜ながら(하면서) 두 동작이 동시에 행해짐 ② 〜ながら(지만, 면서도) 역접

(3) けれど(も)

① 暑(あつ)いけれども、気持(きも)ちはいいですね。

　(덥기는 하지만, 기분은 좋습니다.)

② 私は寝(ね)るけど、君(きみ)はどうする気(き)だ。

　(나는 잘건데 자네는 어떻게 할거냐.)

참고

① ~けれど(も)(이지만, 하지만) 동작의 방향
② ~けれど(も)(~인데) 비교, 다음의 말을 가볍게 이음

(4) から

① むし暑(あつ)いから、雨(あめ)が 降(ふ)るでしょう。

　(무더우니까, 비가 오겠지요.)

② ただでは置(お)かないから。

　(가만두지 않을 테니까)

③ 共同生活(きょうどうせいかつ)を営(いとな)むからには、そこには 礼儀(れいぎ)が 必要(ひつよう)である。

　(공동생활을 영위하는 이상에는, 거기에는 예의가 필요하다.)

④ 暑(あつ)いからといって冷(つあ)たい物(もの)を飲(の)んだらいけない。(덥다고 해서 찬 것을 마시면 안된다.)

참고

① ~から(이니까, 이므로) 원인·이유　② ~から(테니까, 거야) 강한 결의
③ ~からには(한 이상은, 할 바에는) 강한 결의
④ ~からといって(라고 해서) 강조

5. 종조사 : 문말에 붙어서 끝맺는 문절(의문·금지·
영탄·감동 등)을 만든다.

(1) ね(え)

① これ、すてき(素敵)ですね。

   (이것 멋지군요.)

② 今日(きょう)は寒(さむ)いですねえ。

   (오늘은 춥군요.)

③ やっぱり命中(めいちゅう)しなかったかね。

   (역시 명중하지 못했다.)

④ あの店(みせ)はね、なんでも高(たか)くてね。

   (저 가게는 말이야, 뭐든지 비싸서 말이야.)

참 고

① ~ね(え) (네요. 구나) 가벼운 감동이나 주장·다짐
② ~ね (지요) 동의를 구함
① ~ね (가, 나) 가볍게 확인하는 기분으로 이야기할 때
② ~ね(え) (말이야) 말을 연결시킬 때

(2) よ

① もう七時(しちじ)ですよ。

   (벌써 7시야 식사해야지.)

② 何(なに)言(い)ってるのよ。

   (지금 무슨 소리를 하고 있는 거야.)

③ タクシーがきたら乗(の)せてやるよ。

(택시가 오면 태워 줄거야)

④ 雨(あめ)よ、降(ふ)るな。

(비야, 내리지 마라.)

참고

① ~よ (강조 · 주장이나 다짐)
② ~よ (상대방을 꾸짖거나 비난할 때)
③ ~よ (권유나 의뢰를 나타낼 때)
④ ~よ (누군가를 부를 때) .

(3) さ

① それがさ、うまくいかないんださ。

(그게 말이야, 잘 안되는군 그래)

② 上手(じょうず)になるまでは時間(じかん)がかかるさ。

(능숙하게 될 때까지는 시간이 걸려)

참고

① ~さ (말이지, 말이야) 가볍게 화제를 제시
② ~さ (이야) 가볍게 단정하는 기분

(4) ぞ・ぜ(주로 남자가 씀)

① これ、なにかおかしいぞ。

(이거 뭔가 이상한데)

② そろそろ出(で)かけるぞ。

(슬슬 나가자)

③ ここで白黒(しろくろ)つけようぜ。

(여기서 흑백을 가리자)

참고

① ~ぞ(한데) 혼잣말을 할 경우
② ~ぞ(어, 야) 주의를 환기시킬 때
③ ~ようぞ(하자) 남자들이 쓰는 거칠고 속된 말

(5) ものか・もんか

① これが人情(にんじょう)というものか。

(이것이 인정이라는 것인가)

② 二度(にど)と行(い)くもんか。

(두번 다시 가는가 봐라.)

참고

① ~ものか(인 것인가) 영탄이나 회상
② ~もんか(하나 봐라, 할까 보나) 굳은 결의

6. 복합조사 : 조사 뒤에 다른 단어가 붙어 한 덩어리로 조사와 같은 역할을 하는 경우가 많다.

 「～に」와 관련된 표현

① その件(けん)に関(かん)しては市長(しちょう)以外(いがい)は知(し)りません。

(그 건에 관해서는 시장님 이외에는 모릅니다.)

②「お先(さき)に失礼(しつれい)します。」というのが無難(ぶなん)である。

("먼저 실례하겠습니다."라고 하는 것이 무난하다.)

③ 公害(こうがい)に対(たい)する意識水準(いしきすいじゅん)が低(ひく)い。(공해에 대한 의식수준이 낮다.)

④ 新聞報道(しんぶんほうどう)によると、反乱(はんらん)は鎮圧(ちんあつ)されたそうだ。

(신문 보도에 따르면 반란은 진압되었다고 한다.)

⑤ 雨(あめ)につけ、風(かぜ)につけ、いつも国(くに)の父母(ふぼ)が気(き)がかりだ。(비가 오나 바람이 부나, 늘 고향에 계시는 부모가 걱정이다.)

⑥ 七十一にしてはじめて登山靴(とざんぐつ)をはいた。

(71세에 처음으로 등산화를 신었다.)

⑦ 試験(しけん)は四日間(よっかかん)にわたっておこなわれる。

(시험은 4일 간에 걸쳐 시행된다.)

⑧ 韓国は外国(がいこく)に比(くら)べて木(き)が少(すく)ない。(한국은 외국에 비교해서 나무가 적다.)

⑨ 試合(しあい)をあすに 控(ひか)えて、選手(せんしゅ)たちは 緊張(きんちょう)している。

(시합을 내일로 앞두고 선수들은 긴장하고 있다.)

⑩ 海岸(かいがん)に沿(そ)って、別荘(べっそう)が並(なら)んでいる。

(해안을 따라서, 호텔이 줄지어 있다.)

⑪ この模型(もけい)に倣(なら)って作(つく)りなさい。

(이 모형을 따라서 만드세요)

⑫ 事情(じじょう)に応(おう)じて対処(たいしょ)するしかない。

(사정에 따라서 대처할 수 밖에 없다.)

⑬ 今までの手柄(てがら)に免(めん)じて、今度(こんど)は許(ゆる)してやる。

(지금까지의 공로를 봐서 이번에는 용서해 준다.)

⑭ 主人(しゅじん)はその日(ひ)に限(かぎ)って早く来(き)た。

(남편은 그날따라 일찍 왔다.)

⑮ 努力(どりょく)にもかかわらず、またも落(お)ちた。

(노력에도 불구하고 또다시 떨어졌다.)

⑯ 私は形式(けいしき)にこだわらず、自由(じゆう)にふるまう。

(나는 형식에 구애받지 않고 자유로이 행동한다.)

⑰ ただの暇(ひま)つぶしに すぎないんです。

(단순한 시간 때우기에 지나지 않습니다.)

⑱ よっぱらい運転(うんてん)は殺人行為(さつじんこうい)にほかならない。(음주운전은 살인행위와 다를 바 없다.)

⑲ この件(けん)はこれ以上(いじょう)の論議(ろんぎ)に値(あた

い)しない。

(이 건은 더이상의 논할 가치가 없다.)

⑳ 暑(あつ)さに弱(よわ)いので夏(なつ)が嫌(きら)いなんです。

(더위에 약해서 여름이 싫습니다.)

㉑ 気(き)だては優(やさ)しいが、 気迫(きはく)に乏(とぼ)し

い。(마음씨는 착하지만, 기백이 부족하다.)

㉒ 豪雨(ごうう)の被害(ひがい)は全国(ぜんこく)に及(およ)ん

でいる。(호우의 피해는 전국에 이르고 있다.)

㉓ 癌(がん)は、 発見(はっけん)が遅(おく)れると命(いのち)に

かかわる恐(おそ)れがある。

(암은 발견이 늦으면 생명이 위태로울 염려가 있다.)

㉔ この論文(ろんぶん)は具体性(ぐたいせい)や論理性(ろんりせ

い)に 次(か)けている。

(이 논문은 구체성과 논리성이 부족하다.)

㉕ 疲(つか)れた時(とき)は寝(ね)るに限(かぎ)る。

(피곤할 때는 자는 것이 최고다.)

㉖ ただの噂(うわさ)は、 信(しん)じるに足(た)る情報(じょうほ

う)とは言(い)えない。

(그런 떠도는 소문은 신뢰할 만한 정보라고는 할 수 없다.)

㉗ 韓国(かんこく)が勝(か)つに決(き)まっている。

(한국이 이길 것이 틀림 없다.)

㉘ 食事(しょくじ)はおかゆに限(かぎ)られている。

(식사는 죽으로 제한되어 있다.)

(2) 「と」와 관련된 표현

① 何千(なんぜん)といった生命(せいめい)が失(うしな)われている。

(몇 천이나 되는 생명이 사라지고 있다.)

② 過労死(かろうし)とは、ストレスが誘因(ゆういん)となって突然死(とつぜんし)することを言(い)う。

(과로사라는 것은 스트레스가 원인이 되어 갑자기 죽는 것을 말한다.)

③ 頭(あたま)がいいと言(い)うよりはまじめな人(ひと)だ。

(머리가 좋다기보다는 성실한 사람이다.)

④ 会長(かいちょう)が必(かなら)ずしも幸(しあわ)せだとは限(かぎ)らない。

(회장님이 반드시 행복한 것은 아니다.)

⑤ 兄(あに)と一緒(いっしょ)に泳(およ)ぎに行った。

(형님과 함께 헤엄치러 갔다.)

⑥ 都会(とかい)の生活費(せいかつひ)は地方(ちほう)と比(くら)べるとかなり高(たか)い。

(도시 생활비는 지방과 비교하면 상당히 비싸다.)

⑦ 妻(つま)と話(はな)すと決(き)まって言(い)い合(あ)いになる。

(마누라와 말을 하다 보면 으레 말다툼을 하게 된다.)

⑧ 月収(げっしゅう)二十万円(にじゅうまんえん)だとしても生活(せいかつ)するには足(た)りない。

(월수입 20만 엔이라고 해도 생활하기에는 부족하다.)

(3) 「を」와 관련된 표현

① 申(もう)し込(こ)みは事務室(じむしつ)を通(つう)じてやる
べきです。

(신청은 사무실을 통해서 해야 합니다.)

② コンピューターを抜(ぬ)きにしては今(いま)の暮(く)らしは
考(かんが)えられない。

(컴퓨터를 빼고는 현대 생활은 생각할 수 없다.)

③ 日本は梅雨(つゆ)の季節(きせつ)を迎(むか)えた。

(일본은 장마철을 맞이 했다.)

④ アメリカの大統領(だいとうりょう)をはじめとした。

(미국 대통령을 비롯하여 각국의 수뇌가 모였다.)

⑤ 人材(じんざい)データをもとに、徹底的(てっていてき)な人
事管理(じんじかんり)をしている。

(인재 데이터를 기초로 철저한 인사관리를 하고 있다.)

⑥ 悲惨(ひさん)な光景(こうけい)を目(ま)の当(あ)たりにして
しばらく口(くち)もきけなかった。

(비참한 광경을 눈앞에 하고 한참은 말을 할 수가 없었다.)

⑦ その事件(じけん)をきっかけに誰(だれ)とも一切(いっさい)
口(くち)をきかなくなった。(그 사건을 계기로 아무하고도
일절 말을 하지 않게 되었다.)

⑧ 21世紀(せいき)をめざして新(あたら)しい経営構想(けいえい
こうそう)をしている。

(21세기를 목표로 새로운 경영구상을 하고 있다.)

제3부
혼동되기 쉬운 표현,
관용구·속담

제1장 혼동되기 쉬운 표현

부사의 쓰임새

 ## 부사의 쓰임새

(1) まず、一應(いちおう)、とりあえず、とにかく

① まず、妻(つま)に会(あ)いたいです。

(먼저 아내를 만나고 싶습니다.)

② 来(き)たかもしれないから、一応(いちおう)行ってみよう。

(왔을지도 모르니까, 일단 가보기로 하라.)

③ 急(いそ)ぎますので、とりあえず要点(ようてん)だけ説明(せつめい)します。

(시간이 없어서(급하니) 우선 요점만 설명하겠습니다.)

④ 考(かんが)えているだけでは何(なに)もできない、とにかくやってみよう。

(생각만 하고 있으면 아무것도 할 수 없다. 아무튼 해보자.)

참고

• まず : 우선, (맨)먼저(다른 일보다 최우선으로)
• 一応 : 일단(충분하지는 않지만 일단)
• とりあえず : 우선, 먼저(급한 일부터 먼저)
• とにかく : 아무튼, 어쨌든(가장 중요한 일만이라도)

143

(2) つい、うっかり、思(おも)わず

① 英語(えいご)で話(はな)しても、興奮(こうふん)するとつい
韓国語(かんこくご)が口(くち)から出(で)てしまいます。
(영어로 이야기하다가도 흥분하면 그만 한국어가 입에서
튀어나와 버립니다.)

② 黙(だま)っていてもいいのに、うっかりしゃべってしまった。
(말하지 않아도 되는데도, 부주의해서 말해 버렸다.)

③ あまりおかしかったので、思(おも)わず笑(わら)ってしまっ
た。
(너무나 우스워서 나도 모르게 웃고 말았다.)

참고

• つい : 그만
• うっかり : 깜빡, 부주의해서
• 思(おも)わず : 무심코

● (3) **絶對(ぜったい)、必(かなら)ず、きっと、ぜひ**

① 男(おとこ)がやると言(い)ったら絶対(ぜったい)やる。

　(남자가 한다고 했으면 절대적으로 한다.)

② 兄(あに)は毎晩(まいばん)必(かなら)ずお酒(さけ)を飲(の)んでから寝(ね)ます。

　(형님은 매일 밤 꼭 술을 마시고 나서 잡니다.)

③ あしたはきっと雨(あめ)になるだろう。

　(내일은 틀림없이 비가 올 것이다.)

④ ぜひ見物(けんぶつ)に来(き)てください。

　(꼭 구경가서 와주십시오.)

⑤ 外国製(がいこくせい)が必(かなら)ずしもいいとは限(かぎ)らない。

　(외국제가 반드시 좋다고는 할 수 없다.)

🚌참고🚌

• 絶對 : 절대로〔무조건, 절대적으로 라는 의미〕
• 必ず : 필히, 꼭, 아마도〔말하는 사람의 강한 권고를 나타낼 때〕
• きっと : 꼭, 아마도〔(~だろう/でしょう 등을 수반하여) 강한 확신이나 자신의 의지를 강하게 나타낼 때〕
• ぜひ : 부디, 꼭〔(~て)くがさい/(て)ほしい/(て)ちょうだい/たい 등을 수반하여) 자신의 희망이나 간곡한 부탁을 나타낼 때〕
• 必ずしも : 반드시〔(부정 ない를 수반하여) 반드시 (~하지는 않다)〕

(4) ほとんど、たいてい、だいたい

① 締切(しめき)りまでにはほとんどできあがる。

(마감일 까지는 거의 완성된다.)

② 結婚式(けっこんしき)はたいてい春(はる)である。

(결혼식은 대개 봄이다.)

③ 冷蔵庫(れいぞうこ)はだいたい10万円(じゅうまんえん)ぐら
いで 買(か)えます。

(냉장고는 대개 10만엔 정도면 살 수 있습니다.)

(5) むしろ, かえって, よけいに

① 勉強(べんきょう)に趣味(しゅみ)がなければむしろ技術(ぎじ
ゅつ)を身(み)につけたほうがいい。

(공부에 취미가 없으면 차라리 기술을 익히는 편이 낫다.

② 田植(たう)えの手伝(てつだ)いに行(い)ったつもりだがかえ
って 邪魔(じゃま)になってしまった。(모심기를 도와주려고
간 것이었는데, 도리어 방해가 되고 말았다.)

③ たばこを吸(す)うなと言われたら、よけいに吸(す)いたくな
るものだ。(담배를 피우지 말라고 하면 더욱 피우고 싶어지
는 법이다.)

참고

- ほとんど : 거의
- たいてい : 대개, 거의
- だいたい : 거의, 대략
- むしろ : 차라리, 오히려〔~보다는 오히려 ~쪽이〕
- かえって : 오히려 도리어〔~하기보다 오히려 반대로, ~는커녕 반대로〕
- よけい(に) : 쓸데없이, 더욱〔(부정적 방향으로) 더욱더, 오히려〕

(6) 少(すく)なくとも, せめて、たった、せいいっぱい、たかが、せいぜい

① 少(すく)なくとも英語(えいご)は話(はな)せないといけない。

(적어도 영어는 말할 수 없으면 안된다.)

② 死(し)ぬまでにはせめて自分(じぶん)の家(いえ)でも持(も)ちたい。

(죽을때 까지는 적어도 내 집이라도 갖고 싶다.)

③ たった一点(いってん)に泣(な)く受験生(じゅけんせい)もいる。

(단 1점에 우는 수험생도 있다.)

④ あのころは食(た)べていくのが精一杯(せいいっぱい)だった。

(그때는 먹고 사는 것이 고작이었다.)

⑤ 夏(なつ)の休暇(きゅうか)でもせいぜい一週間(みっかかん)というのが普通(ふつう)である。

(여름휴가라 해도 기껏해야 일주일이 보통이다.)

참고

- 少なくとも : 적어도, 최소한〔최저로도, 가장 작아도, 가장 나쁜 경우에도〕
- せめて : 적어도, 하다못해〔적어도 ~만이라도 좋으니까〕
- たった : 단, 불과, 겨우〔(뒤에 수사를 수반하여) 극 숫자가 많은 것이 아님을 나타낸다.〕
- 精一杯 : 고작, 힘껏〔최대한으로 해도〕
- たかが : 기껏해야, 고작해야〔별것 아닌 모양, 넉넉잡아서(양 · 정도)〕
- せいぜい : 기껏해야, 고작해야〔아무리 ~해봤자〕

(7) 次第(しだい)に、順々(じゅんじゅん)、次々と(つぎつぎ)と

① 病気(びょうき)は次第(しだい)に悪(わる)くなるばかりだ.

(병은 점차로 악화될 뿐이다.)

② 順々(じゅんじゅん)に並(なら)んでください.

(순서대로 서 주세요.)

③ 次々(つぎつぎ)と殺人(さつじん)事件(じけん)が発生(はっせい)した.

(잇달아 살인사건이 발생했다.)

(8) せっかく、わざわざ、わざと

① せっかく来(き)たのだから入(はい)ってみよう.

(모처럼 왔으니까 들어가 보자.)

② 忙(いそが)しいのにわざわざおいでくださってどうもありがとう ございます.

(바쁘신 데도 일부러 와 주셔서 정말 감사합니다.)

③ 彼(かれ)はわざと私を避(さ)けているのだ.

(그는 고의로 나를 피하고 있는 것이다.)

참고

- 次第に : 점점, 점차로〔서서히, 점차적으로〕
- 順々に : 순서대로〔차례차례로〕
- 次々(と/に) : 차례로, 잇달아〔차례차례로 계속해서〕
- せっかく : 모처럼, 애써, 일껏〔크게 마음먹고〕
- わざわざ : 일부러, 특별히〔성의껏, 힘든데도 불구하고〕
- わざと : 일부러, 고의로〔나쁜 의도로〕

(9) ふと

① 歩(ある)いているうちにふといいアイデアが浮(う)かんだ。

(걷고 있는 사이에 문득 좋은 생각이 머리에 떠올랐다.)

② 降っていた雨(あめ)がいつの間(ま)にか止(や)んだ。

(내리던 비가 어느샌가 그쳤다.)

③ 外国語(がいこくご)は知(し)らずのうちに上手(じょうず)に

なる。

(어학은 의식하지 못하는 사이에 능숙하게 된다.

(10) ずっと、はるかに、ますます、だんだん

① 弟(おとうと)が兄(あに)よりずっと大(おお)きい。

(동생이 형보다 훨씬 크다.)

② 韓国(かんこく)と日本(にほん)との交流(こうりゅう)はます

ます盛(さか)んになることでしょう。

(한국과 일본의 교류는 점점 활발해 질 것이다.)

③ だんだん米国(べいこく)の生活(せいかつ)にも慣(な)れるで

しょう。(차츰 미국 생활에도 익숙해지겠지요.)

참고

• ふと : 문득, 갑자기〔예기치 않게, 우연히〕
• いつの間にか : 어느 사이엔가〔시간의 흐름을 의식하지 못하는 사이에〕
• 知らず知らず(のうちに) : 자기도 모르는 사이에〔무의식적으로, 의식하지 못하는 사이에〕
• ずっと, はるかに : 훨씬〔다른 것과 비교하여 훨씬〕
• ますます : 점점 더〔단계적으로 점점 더 많이〕
• だんだん : 차차, 차츰〔단계적으로 조금씩 조금씩〕

(11) いっそう、なお、なおさら、さらに

① 風(かぜ)はいっそう激(はげ)しくなった。

(바람은 한층 강해졌다.)

② 物価(ぶっか)はなお上(あ)がるそうだ。

(물가는 더욱 오른다고 한다.)

③ 今年(ことし)になって彼女はなおさら病弱(びょうじゃく)になった。(금년이 되서 그녀는 더욱더 약해졌다.)

④ 運賃(うんちん)の値上(ねあ)げをしなければ赤字(あかじ)はさらに増(ふ)えるそうだ。(운임 인상을 하지 않으면 적자는 더욱 늘어날 것이라고 한다.)

(12) やたら(に)、むやみに、無造述(むぞうさ)に

① ノートをやたらに置(お)いているとなくします。

(노트는 함부로 놔두면 잃어버려요.)

② むやみに本(ほん)を買(か)うものではない。

(무턱대고 책을 살것은 못된다.)

③ 大事(だいじ)なものを無造作(むぞうさ)に置(お)くからいけません。(소중한 것을 아무렇게나 두기 때문에 안됩니다.)

🚌참 고🚌

- いっそう : 한층, 더욱〔한결 더〕　　・なお : 한층, 더욱더(문장체)
- なおさら : 더욱더〔~하기 때문에 더 더욱, ~은 말할 나위도 없다〕
- さらに : 더욱더, 게다가〔~한데다가 그 위에 덧붙여서〕
- やたら(に) : 함부로, 마구〔정도를 넘어서, 경솔하게, 근거없이〕
- むやみに : 함부로, 무턱대로〔생각없이, 철딱서니 없이〕
- 無造作に : 함부로, 아무렇게나, 어렵지 않게〔되는 대로, 무신경하게〕

● (13) すぐ、さっそく、とっさに、たちまち、いきなり

① 食後(しょくご)すぐにお風呂(ふろ)に入(はい)ってはいけない。(식후 바로 목욕을 해서는 안됩니다.)

② おなかが痛(いた)いのでさっそく病院(びょういん)へ行(い)った。(배가 아파서 즉시 병원에 갔다.)

③ むずかしい問題(もんだい)だったのでとっさには答(こた)えられなかった。

(어려운 문제였기에 금방은 대답할 수 없었다.)

● (14) とっくに、さっき、先(さき)に、あらかじめ

① 先生はとっくに帰(かえ)られました。

(선생님은 훨씬 이전에 귀가했습니다.)

② さっきはご免(めん)なさい。(아까는 미안했어요.)

③ 先(さき)に申(もう)し上(あ)げたように…。

(앞서 말씀드린 바와 같이….)

참고

- すぐ : 곧, 당장, 바로〔~하자마자 바로, 얼마 안 되서〕
- さっそく : 곧, 즉시〔~하자 곧 ~하다〕
- とっさに : 순식간에, 갑자기〔어떤 일에 반응해서 반사적으로〕
- たちまち : 금방, 순식간에, 갑자기〔~하자마자 곧 어떤 상태로 되다〕
- いきなり : 갑자기, 별안간, 느닷없이〔뜻밖에, 예기치 못했던〕
- とっくに : 훨씬 이전에, 벌써〔~하기 이전에 이미〕
- さっき : 앞서, 아까〔조금 전에〕
- 先に : 먼저, 앞서〔다른 것보다 먼저, 앞서서〕
- あらかじめ : 미리〔사전에 미리 생각하거나 조치해 놓음〕

(15) もし、もしも、たとえ、いくら、どんなに

① もし火星(かせい)に生物(せいぶつ)があったとしたらどんな文化(ぶんか)をもっていることであろう。
(만약 화성에 생물이 존재한다고 하면 어떠한 문화를 가지고 있을 것인가.)

② たとえ冗談(じょうだん)でもそんなことを言(い)ってはいけません。
(설령 농담이라도 그런 말을 해서는 안됩니다.)

③ いくらお金(かね)がかかってもよいからりっぱな商品(しょうひん)を作(つく)ってください。
(아무리 돈이 들어도 좋으니까 좋은 상품을 만들어 주십시오.)

④ どんなに友達(ともだち)の件(けん)で困(こま)ったか話(はな)したくもない。
(얼마나 친구의 건 때문에 난처했는지 이야기하고 싶지도 않다.)

🚌참고🚌

• もし、もしも : 만약, 혹시, 만일
• たとえ : 가령, 설령, 설사(～러라도)
• いくら、どんなに : 얼마나, 아무리

제2장 관용구

 ## 1. ア行

(1) 相(あい)づちを打(う)つ (맞장구 치다)

課長(かちょう)はいつも相づちを打ってくれるので気(き)に
入(い)る。

(과장님은 언제나 맞장구를 쳐 줘서 마음에 든다.)

(2) 朝飯前(あさめしまえ) (식은 죽 먹기)

運転免許試験(うんてんめんきょしけん)は朝飯前だったよ。

(운전면허시험은 식은 죽 먹기였었다.)

(3) 板(いた)につく (솜씨가 몸에 배다. 아주 제격이다.)

仕事(しごと)ぶりが板についたようだ。

(일솜씨가 몸에 밴 거 같다.)

(4) 一(いち)か八(ばち)か (되든 안되든, 운은 하늘에 맡기고)

一か八かやってみましょう。

(되든 안되든 한번 해 봅시다.)

153

(5) 芋(いま)を 洗(あら)うよう(북적거림)

海水浴場(かいすいよくじょう)も芋を洗うような混雑(こん
ざつ)だった。

(해수욕장도 발디딜 틈 없이 북적거렸다.)

(6) 鵜(う)の目(め)鷹(たか)の目(め)で(매서운 시선으로)

掘(ほ)り出(だ)し物(もの)はないかと、 うの目鷹の目で漁(あ
さ)っている。

(건질 게 없나 해서 눈에 불을 켜고 뒤지고 있다.)

(7) 馬(うま)が 合(あ)う(마음이 맞다)

馬が合わなくて仕事(しごと)がはかどらない。

(마음이 맞지 않아서 일이 잘되어 나가지 않는다.)

(8) 瓜(うり) 二(ふた)つ(꼭 닮음)

弟は双子(ふたご)の兄と瓜二つなのでよく間違(まちが)えら
れる。

(동생은 쌍둥이 형하고 너무나 닮아서 자주 헷갈린다.)

(9) お茶(ちゃ)を濁(にご)す(어물어물 넘기다)

大臣(だいじん)の答弁(とうべん)はどうもお茶を濁すような
言(い)方(かた)ですっきりしない。

(장관 답변은 어딘지 얼버무리는 투여서 개운치 않다.)

 2. カ行

(1) 合点(がてん)が 行(い)く (납득이 가다, 수긍이 가다)

どうして失敗(しっぱい)したのか、どうしても合点が行かない。
(어째서 실패했는지 도무지 납득이 가질 않는다.)

(2) 角(かど)が 立(た)つ (모가 나다)

なるべく角が立たいようにしようとするのが私の本心(ほんしん)だ。
(가능한 한 모가 나지 않으려고 하는 것이 내 본심이다.)

(3) 切(き)っても 切(き)れない (끊을래야 끊을 수 없다)

夫婦(ふうふ)は切っても切れないほど深(ふか)い絆(きずな)で結(むす)ばれている。(부부는 끊을래야 끊을 수 없을 정도로 깊은 정으로 맺어져 있다.)

(4) 軌道(きどう)に 乗(の)る (궤도에 오르다)

作業(さぎょう)も軌道に乗り、これで一安心(ひとあんしん)した。(작업도 궤도에 올라, 이제는 안심했다.)

(5) 気前(きまえ)が いい (인심이 좋다)

僕がおごりますと彼は食事代(しょくじだい)を気前よくはらった。("내가 한턱내겠습니다"하면서 그는 식사대를 기분 좋게 지불했다.)

(6) 肝(きも)に 銘(めい)じる (마음에 새기다)

あなたの言葉(ことば)を肝に銘じてがんばります。
(당신의 말씀을 명심하여 열심히 하겠습니다.)

(7) 肝(きも)を 潰(つぶ)す (간 떨어지다)

車を運転(うんてん)していたら、路地(ろじ)から急(きゅう)に
子供(こども)がとび出(だ)してきて肝を潰した。(차를 운전하
고 있는데 골목에서 갑자기 아이가 튀어 나와 정말 놀랐다.)

(8) 軍配(ぐんばい)が 上(あ)がる (승부에 이기다)

味方(みかた)に軍配が上がった。(우리 편이 승리했다.)

(9) 桁(けた)が 違(ちが)う (차원이 다르다)

同(おな)じ国民(こくみん)でありながら収入(しゅうにゅう)
に桁が違うのは政府(せいふ)の責任(せきにん)だ。(같은 국민
이면서도 수입에 차원이 다르다는 것은 정부의 책임이다.)

(10) 見当(けんとう)がつく (짐작이 가다)

父(ちち)が腹(はら)を立(た)てるわけはけんとうがつかない。
(아버지가 화를 내는 이유는 짐작이 가지 않는다.)

(11) 小耳(こみみ)に 挟(はさ)む (언뜻 듣다, 풍문에 듣다)

彼が死(し)んだと小耳に挟んでいたが、やはり事実だったの
か。(그가 죽었다고 얼핏 들었었는데, 역시 사실이었구나.)

3. サ行

(1) 座(ざ)が白(しら)ける (좌흥이 깨지다)

くだらない話(はなし)で座が白けてしまった。

(쓸데없는 이야기로 좌흥이 깨져 버렸다.)

(2) さじを投(な)げる (포기하다, 두 손 들다)

医者(いしゃ)もとうとうさじを投(な)げた。

(의사도 결국 포기하고 말았다.)

(3) しゃくに障(さわ)る (울화통이 터지다)

彼の態度(たいど)はしゃくに障ります。

(그의 태도에는 울화가 치밉니다.)

(4) 白(しろ)い目(め)で見(み)る (경멸하는 눈초리로 본다)

よくうそをつくのでみんなから白い目で見られている。

(툭하면 거짓말을 하기 때문에 모두가 경멸의 눈으로 보고 있다.)

(5) 雀(すずめ)の涙(なみだ) (쥐꼬리만함)

雀の涙ほどの給料(きゅうりょう)では、妻(つま)にはすまない。(쥐꼬리만한 급료로는 마누라에게 미안하다.)

(6) 算盤(そろばん)を弾(はじ)く (손익을 따지다)

彼(かれ)とは算盤を弾(はじ)いてやったわけじゃない。

(그 사람하고는 이해타산을 따지고 한 일은 아니다.)

4. タ行

(1) たいこばんを 押(お)す(틀림없음을 보증하다)

① 私はみんなから合格(ごうかく)すると大鼓判(たいこばん)を押されていた。
(나는 모든 사람들로 합격할 거라고 보증받았었다.)

(2) 高(たか)を 括(くく)る(얕잡아 보다)

高をくくっていたら、以外(いがい)に手間(てま)を取(と)った。(대수롭지 않게 여겼더니 의외로 손이 갔다.)

(3) 駄々(だだ)を こねる(떼를 쓰다)

おもちゃがほしいと駄々をこねている。
(장난감을 갖고 싶다고 떼를 쓰고 있다.)

(4) 立(た)て 枚(いた)に 水(みず)(청산유수)

立て枚に水といった流暢(りゅうちょう)な話(はな)し方(かた)。(청산유수와 같은 유창한 화술)

(5) 駄目(だめ)を 押(お)す(재 다짐해 두다)

二度(にど)の電話(でんわ)で駄目を押した。
(두 차례의 전화를 해서 다짐해 두었다.)

(6) どこ吹(ふ)く風(かぜ)(남의 말이나 행동을
무시하는 모양)

先生の注意(ちゅうい)もどこ吹く風とまた きつえんした。

(선생님 주의도 아랑곳하지 않고 또 담배를 피웠다.)

(7) 鳥肌(とりはだ)が 立(た)つ(소름이 끼치다)

へびを見ると鳥肌の立つ人が多(おお)い。

(뱀을 보면 소름이 끼치는 사람이 많다.)

5. ナ行

(1) 泣(な)きべそをかく (울상을 짓다)

忘(わす)れ物(もの)をした子供(こども)は泣きべそをかいていた。(물건을 잃어버린 아이는 울상을 짓고 있었다.)

(2) 二の舞(ま)いを演(えん)じる (전철을 밟다)

叔父(おじ)の二の舞いを演じないように女に気をつけている。(삼촌의 전철을 밟지 않으려고 여자를 조심하고 있다.)

(3) 拔(ぬ)き差(さ)しならない (빼도 박도 못하다)

つまらない問題(もんだい)で抜き差しならぬ事態(じたい)に追(お)いこまれた。

(시시한 문제로 빼도 박도 못하는 사태에 이르렀다.)

(4) 濡(ぬ)れ手(て)で粟(あわ) (쉽게 많은 이익을 얻음)

旅行社(りょこうしゃ)は観光(かんこう)ブームのため濡れ手で粟をつかんだ。

(여행사는 관광붐 때문에 횡재했다.)

(5) 猫(ねこ)も杓子(しゃくし)も (어중이 떠중이, 누구나 할 것 없이)

最近(さいきん)は猫も杓子も海外旅行(かいがいりょこう)に行く。

(최근에는 너나없이 해외여행을 간다.)

(6) 猫(ねこ)を被(かぶ)る (본성을 숨기다)

彼女(かのじょ)は男(おとこ)の前(まえ)では猫を被っている。
(그녀는 남자 앞에서는 본성을 숨기고 얌전한 척하고
있다.)

(7) 寝耳(ねみみ)に水(みず) (아닌 밤중에 홍두깨)

彼(かれ)の死(し)の知(し)らせは寝耳に水で、信(しん)じら
れなかった。(그가 죽었다는 소식은 아닌 밤중에 홍두깨로
믿을 수가 없었다.)

6. ハ行

(1) ばつが悪(わる)い (어색하다 거북하다)

上役(うわやく)とけんかしてまって今日はどうもばつが悪(わ
る)い。(윗사람과 다투어서 오늘은 어쩐지 거북하다.)

(2) 幅(はば)を利(き)かせる (위세를 부리다, 활개치다)

かつては共産党(きょうさんとう)がはばをきかせていた。
(이전에는 공산당이 활개를 치고 있었다.)

(3) ～羽目(はめ)になる(～한 처지가 되다)

私が同窓会(どうそうかい)の会長(かいちょう)になる羽目に
なりそうだ。

(내가 동창회의 회장이 될 모양이다.)

(4) 引(ひ)けを取(と)る(뒤지다, 꿀리다)

酒(さけ)の味(あじ)においてはどの国(くに)にも引けを取らな
い。(술맛에 있어서는 어느 나라에도 뒤지지 않는다.)

(5) 暇(ひま)を 潰(つぶ)す(시간을 보내다 소일하다)

ウインドーショッピングなどをしながら約束(やくそく)の時
間(じかん)まで暇を潰していた。

(윈도쇼핑을 하면서 약속 시간까지 시간을 때우고 있었다.)

(6) ピンからキリまで(최고급에서 최하급까지)

ドイツ製(せい)でもピンからキリまであるからよく選(えら)
びなさい。(독일제라 해도 최고급에서 최하급까지 있으니까
잘 선택하세요.)

(7) ピンと くる(단박에 직감적으로 느껴지다.)

あの人がすりだとピンときた。

(저 사람이 소매치기라고 단박에 느꼈다.)

7. マ行

(1) 枚擧(まいきょ)にいとまがない(일일이 열거할 수 없을 정도로 많다.)

学園(がくえん)の暴力(ぼうりょく)の例(れい)はまいきょにいとまがない。

(학교 폭력의 예는 일일이 열거할 수 없을 정도로 많다.)

(2) 道草(みちくさ)を食(く)う(도중에 딴전을 피우다)

道草でも食っているのか使(つか)いに行った子はなかなかもどってこない。

(딴전이라도 피우고 있는 건지, 심부름 간 아이가 돌아올 줄을 모른다.)

(3) むしが いい(넉살이 좋다, 뻔뻔스럽다)

仕事(しごと)もしないで分(わ)け前(まえ)を主張(しゅちょう)するなんてむしがよすぎる。

(일도 하지 않고 자기 몫을 주장하다니 너무 뻔뻔스럽다.)

(4) メンツを立(た)てる(체면을 세우다)

サッカー日本代表(だいひょう)は強豪(きょうごう)ブラジルに 勝(か)ってメンツを 立てた。(축구 일본 대표팀은 강호 브라질에 이겨서 체면을 세웠다.)

(5) 物心(ものごころ)がつく (철이 들다)

東京で生(う)まれたが、物心がついてきたころにいなかに引(ひ)っこした。

(도쿄에서 태어났지만, 철이 들 무렵에 이골로 이사했다.)

8. ヤ行

(1) 安物買(やすものが)いの錢(ぜに)失(うしな)い
(싼게 비지떡)

安物買いの銭失いで、すぐにこわれてしまった。

(싼게 비지떡이라고 금새 망가져 버렸다.)

(2) 山(やま)が あたる (요행 수가 적중하다)

期末(きまつ)の試験(しけん)では山があたって高い点数(てんすう)をとった。

(기말시험에서는 예상이 적중해서 높은 점수를 맞았다.)

(3) 山(やを)をかける (요행을 노려 일을 하다)

山をかけて受験(じゅけん)したが落(お)ちた。

(요행을 노려 수험했지만 떨어졌다.)

(4) 横車(よこぐるま)をおす (억지를 쓰다)

彼が横車をおすために結論(けつろん)が出(だ)せないでいる。

(그가 억지를 쓰고 있어 결론이 나지 않고 있다.)

(5) 寄(よ)るとさわると (기회만 있으면)

世間では寄るとさわるとその話(はなし)で持(も)ちきりだ。

(항간에서는 모였다하면 그 이야기 뿐이다.)

(6) 弱(よわ)みがにぎられる (약점이 잡히다)

弱みがにぎられ、無理(むり)な要求(ようきゅう)を呑(の)まざるを 得(え)なかった。

(약점이 잡혀 무리한 요구를 감수하지 않으면 안되었다.)

9. ラ行

(1) らちが明(あ)かない (결말이 나지 않다)

二人とも自分(じぶん)の意見(いけん)を曲(ま)げない。このままでは らちが明(あ)かない。

(두 사람 모두 완고해서 자신의 의견을 굽히지 않는다. 이 대로는 결말이 나지 않는다.)

(2) **呂律(ろれつ)が回(まわ)らない(해가 돌아가지 않다)**

送別会(そうべつかい)のため呂律が回らなくなくなるほど飲んで倒(たお)れる人もある。

(송별회 때 혀가 돌아가지 않을 정도로 마시고 쓰러지는 사람도 있다.)

10. ワ行

(1) **渡(わた)りにふね(나룻터에 배, 시기나 조건이 매우 적절한 모양의 비유)**

歌手(かしゅ)が病気(びょうき)で欠場(けつじょう)し、渡(わた)りにふねとばかりに舞台(ぶたい)まで進出(しんしゅつ)することができた。

(가수가 병으로 결장해서 때마침 무대에까지 진출할 수가 있었다.)

(2) **割(わり)に合(あ)わない(수지가 안 맞다)**

これはわりに合わない商売(しょうばい)だ。

(이것은 수지가 안 맞는 장사이다.)

제3장 신체 관련 관용구

1. 머리 2. 눈 3. 귀 4. 코 5. 입 6. 목
7. 어깨, 목 8. 가슴 9. 배 10. 엉덩이
11. 손 12. 발 13. 정신 14. 마음

 ## 1. 頭(あたま): 머리

① 頭が上(あ)がらない(고개를 들지 못하다)

父(ちち)には今(いま)でも頭が上がらない。

(아버지께는 지금까지도 고개를 들 수가 없다.)

② 頭が下(さ)がる(머리가 수그러지다)

彼の成功(せいこう)にはただ頭が下がるばかりです。

(그의 성공에는 그저 머리가 수그러질 따름입니다.)

③ 頭に来(く)る(화가 치밀다)

うそばかりつくのには、頭に来(き)た。

(거짓말만 하는 것에는 화가 치밀었다.)

④ 頭を抱(かか)える(고민하다)

学内(がくない)の暴力(ぼうりょく)の問題(もんだい)で頭を
抱えている。

(학내 폭력 문제로 골머리를 썩고 있다.)

⑤ 頭をもたげる(고개를 쳐들다, 대두하다)

学生の間(あいだ)に不満(ふまん)が頭をもたげはじめた。

(학생들 사이에 불만이 고개를 쳐들기 시작했다.)

⑥ 頭をひねる(머리를 짜내다)

妙案(みょうあん)はないかと頭をひねっている。

(묘안이 없을까 하고 머리를 짜내고 있다.)

2. 目(め): 눈

① 目が高(たか)い(보는 눈이 있다, 안목이 높다)

彼は書道(しょどう)について目が高い。

(그는 서예에 대해 안목이 높다.)

② ~に目がない(~라면 사족을 못쓴다)

私はさしみには目が ないんです。

(나는 생선회라면 사족을 못씁니다.)

③ 目に余(あま)る(차마 눈 뜨고 볼 수가 없다)

彼女の態度(たいど)は目に余る。

(그녀의 태도는 눈꼴사납다.)

④ 目もくれない(거들떠보지 않다)

テレビに夢中(むちゅう)になってすしに目もくれない。

(TV에 열중해 있어서 초밥은 쳐다보지도 않는다.)

⑤ 目に見(み)える(뻔하다)

事業(じぎょう)の無計画(むけいかく)が失敗(しっぱい)することは目に見えている。(사업의 무계획이 실패하는 것은 뻔하다.)

⑥ 目を背(そむ)ける(시선(눈길)을 돌리다)

交通事故(こうつうじこ)の現場(げんば)は目を背けるほどの惨状(さんじょう)だった。

(교통사고 현장은 눈뜨고 볼 수 없을 정도의 참상이었다.)

⑦ 目を見張(みは)る(눈이 휘둥그래지다)

年寄(としよ)りの健康(けんこう)にみんな目を見張った。

(노인의 건강에 모두가 눈이 휘둥그래졌다.)

3. 耳(みみ): 귀

① 耳が痛(いた)い (귀가 따갑다)

先生に成績(せいせき)のことを言(い)われるたびに耳が痛くなるよ。

(선생님이 성적에 대해 말할 때마다 귀가 따가워진다.)

② 耳が遠(とお)い (잘 안들린다, 귀가 어둡다)

祖父(そふ)は耳が遠いので声(こえ)を大(おお)きくして話(はな)さなければならない。(할아버지는 귀가 어두워서 소리를 크게해서 이야기 해야 한다.)

③ 耳にたこができる (귀에 못이 박히다)

彼の自慢話(じまんばなし)は耳にたこができるほど聞(き)かされた。(그의 자랑이야기는 귀에 못이 박히도록 들었다.)

④ 耳を澄(す)ます (귀를 기울이다)

耳を澄ますと女の泣(な)き声(ごえ)がきこえました。

(귀를 기울이니까 여자 우는 소리가 들렸습니다.)

⑤ 耳学問(みみがくもん) (귀동냥)

金さんは学校こそ出(で)ていないが、耳学問でいろいろなことを知(し)っている。(김씨는 학교는 나오지 않았으나 귀동냥으로 많은 것을 알고 있다.)

⑥ 耳新(みみあたら)しい (금시 초문이다)

李さんが博士(はかせ)になったことは耳新しいことだ。

(이씨가 박사가 되었다는 것은 금시 초문이다.)

4. 鼻(はな): 코

① 鼻が高(たか)い(콧대가 높다, 우쭐해 하다)

相撲(すもう)で優勝(ゆうしょう)したので鼻が高い。

(씨름에서 우승했기 때문에 콧대가 높다.)

② 鼻であしらう(깔보아 냉담하게 대하다, 무시하다)

賃金(ちんぎん)を要求(ようきゅう)したら鼻であしらわれた。

(임금을 요구했더니 콧방귀를 뀌었다.)

③ 鼻の下(した)が長(なが)い(여자에게 약하다)

彼は鼻の下が長くて困(こま)った人だ。

(그는 여자라면 사족을 못써서 문제의 인간이다.)

④ 鼻を明(あ)かす(코를 납작하게 만들다)

将棋(しょうぎ)に勝(か)ってあいつの鼻を明かしてやるぞ。

(장기를 이겨서 저놈의 코를 납작하게 해 주어야지.)

⑤ 鼻を突(つ)く(코를 찌른다)

このあたりは燒肉(やきにく)のにおいが鼻を突く。

(이 근처는 불고기 냄새가 코를 찌른다.)

5. 口(くち): 입

① 口がうまい(말솜씨가 좋다)

口がうまい人は生(う)まれつきですよ.

(말솜씨가 좋은 사람은 선천적이예요.)

② 口が重(おも)い(과묵하다, 말수가 적다)

金さんのように口が重いのも困(こま)る.

(김씨처럼 입이 무거운 것도 곤란하다.)

③ 口寂(さび)しい(입이 심심하다)

酒(さけ)とたばこをやめたら口寂しくてたまらない.

(술과 담배를 끊었더니 입이 심심해서 못 견디겠다.)

④ 口に出(だ)す(입에 담다, 입 밖에 내다)

政治(せいじ)の話(はなし)は口に出すのもいやだ.

(정치 이야기는 입에 올리기도 싫다.)

⑤ 口を拭(ぬぐ)う(시치미를 떼다, 입 씻다)

うわさが広(ひろ)まってはいつまでも口を拭っていられない.

(소문이 퍼져있어서는 언제까지나 시치미를 떼고 있을 수는 없다.)

⑥ 口を濁(にご)す(얼버무리다)

成績(せいせき)については口を濁した.

(성적에 대해서는 얼버무렸다.)

6. 首(くび): 목

① 首が危(あぶ)ない(목이 위태롭다, 해고될 것 같다)

課長(かちょう)は首が危なくなるようなことはしない。

(과장은 해고될 일은 하지 않는다.)

② 首が回(まわ)らない(빚에 몰려 옴짝달짝 못하다)

借金(しゃっきん)のために首が回らなくなっている。

(부채 때문에 옴짝달짝 못하게 되었다.)

③ 首になる(해고되다)

詐欺(さぎ)の疑(うたが)いで首になった。

(사기사건으로 해고되었다.)

④ 首を長(なが)くする(학수고대하다)

首を長くして息子(むすこ)の手紙(てがみ)を待(ま)っている。

(목이 빠지게 아들 편지를 기다리고 있다.)

⑤ 首を横(よこ)に振(ふ)る(거부하다, 고개를 가로젓다)

社員(しゃいん)たちの要求(ようきゅう)に対(たい)して社長(しゃちょう)は首を横に振った。

(사원들의 요구에 대해서 사장은 거부했다.)

⑥ 首がつながる(해고를 면하다, 목이 잘리지 않다)

彼女(かのじょ)はかろうじて首がつながったんです。

(그녀는 간신히 해고를 면했습니다.)

7. 肩(かた): 어깨, 목

① 肩が凝(こ)る(어깨가 뻐근하다)

一日中(いちにちじゅう)本を読んだので肩が凝ってしようがない。

(하루종일 책을 읽었더니 어깨가 결려 죽겠다.)

② 肩の荷(に)が下(お)りる(어깨가 가벼워지다, 짐을 덜다)

息子(むすこ)が就職(しゅうしょく)してやっと肩の荷が下(お)りだ。

(아들이 취직이 되어서 겨우 어깨가 가벼워졌다.)

③ 肩身(かたみ)が狭(せま)い(떳떳하지 못하다, 주눅들다)

私は朝(あさ)から酒(さけ)を飲(の)むがなにがし肩身がせまい思(おも)いをする。

(나는 아침부터 술을 마시는데 이래저래 눈치를 보게 된다.)

④ 肩を並(なら)べる(어깨를 나란히 하다)

兄弟(きょうだい)が肩を並べて首位(しゅい)を争(あらそ)っている。

(형제가 어깨를 나란히 하여 선두를 다투고 있다.)

⑤ 肩を持(も)つ

彼は男(おとこ)のくせに、妙(みょう)に女(おんな)の肩を持つ発言(はつげん)をする。

(그 사람은 남자이면서도 묘하게 여자를 두둔하는 발언을 한다.)

8. 胸(むね): 가슴

① 胸がすく (마음이 후련하다)

碁(ご)に勝(か)って胸がすく思(おも)いだ。

(바둑에 이겨서 가슴이 후련하다.)

② 胸がつかえる (가슴이 미어지다)

妻(つま)に死(し)なれて、胸がつかえる思(おも)いで何もできない。

(아내가 죽어서 가슴이 미어져서 아무것도 할 수 없다.)

③ 胸に秘(ひ)める (가슴에 간직하다)

胸に秘めていた話(はなし)をきかせてくれた。

(가슴에 간직한 이야기를 들려주었다.)

④ 胸を蕉(こ)がす (애를 태우다)

私も恋(こい)に胸を蕉がした青春時代(せいしゅんじだい)があった。

(저도 사랑에 애태우던 젊은 시절이 있었다.)

⑤ 胸を突(つ)く (갑자기 가슴이 뭉클해지다)

彼の死(し)に胸を突かれ、涙(なみだ)がこみあげてきた。

(그의 죽음에 슬픔에 복받쳐 올라 눈물이 쏟아졌다.)

⑥ 胸をなでおろす (가슴을 쓸어 내리다, 안심하다)

息子(むすこ)が遠洋漁業(えんようぎょぎょう)から帰(かえ)り、ほっと胸をなでおろした。

(아들이 원양어업에서 돌아와 안심했다.)

9. 腹(はら): 배

① 腹(はら)が立(た)つ(화가 나다)

家内(かない)の無学(むがく)には腹が立つ。

(아내의 무식에는 화가 난다.)

② 腹の虫(むし)が治(おさ)まらない(화가 가라앉지 않는다)

金さんの無礼(ぶれい)な態度(たいど)には腹の虫が治まらない。

(김씨의 무례한 태도에는 비위가 상해서 참을 수가 없다.)

③ 腹を割(わ)る(흉금을 털어놓다)

腹を割って話(はな)せば解決(かいけつ)の道(みち)があるだろう。

(흉금을 털어놓고 이야기하면 해결할 길이 있을 것이다.)

④ 腹を決(き)める(결심하다, 각오하다)

祖国(そこく)と運命(うんめい)をともにすると腹を決めた。

(조국과 운명을 같이 하기로 마음 먹었다.)

⑤ 腹黒(はらぐろ)い(엉큼하다, 속이 검다)

いつも笑顔(えがお)はしているが本当(ほんとう)は腹黒い奴(やっ)だ。

(언제나 웃음을 짓고는 있지만, 사실은 엉큼한 녀석이다.)

10. 尻(しり): 엉덩이

① 尻が重(おも)い(행동이 굼뜨다, 엉덩이가 무겁다)

妹(いもうと)はなにをするにも尻が重い。

(여동생은 무슨 일을 하든 굼뜬다.)

② 尻に敷(し)く(깔고 앉다, 아내가 낸 주장이다)

最近(さいきん)は結婚(けっこん)すると亭主(ていしゅ)を尻に敷くことになるという。

(최근에는 결혼하면 남편을 멋대로 휘두르게 된다고 한다.)

③ 尻餅(しりもち)をつく(엉덩방아를 찧다)

氷(こおり)に滑(すべ)って尻餅をついてしまった。

(얼음에 미끄러져 엉덩방아를 찧고 말았다.)

④ 尻を叩(たた)く(재촉하다, 독려하다)

尻を叩かないとちっとも勉強(べんきょう)しない。

(잔소리를 하지 않으면 전혀 공부하지 않는다.)

⑤ 尻を追(お)い回(まわ)す(꽁무니를 쫓아다니다)

女(おんな)の尻を追い回すのはやめなさい。

(여자 꽁무니를 쫓아다니는 것은 그만두세요.)

⑥ 尻ぬぐい(뒷모습, 뒤치다꺼리)

借金(しゃっきん)の尻ぬぐいはごめんだ。

(빚 뒤치다꺼리는 사양한다.)

11. 手(て): 손

① 手が空(あ)く(틈이 나다. 일손이 비다)

　手が空かないので手伝(てつだ)ってあげられません。

　(틈이 나지 않기 때문에 도와드릴 수가 없습니다.)

② 手がかかる(손이 많이 가다)

　この作業(さぎょう)はあまりにも手がかかります。

　(이 작업은 너무나도 손이 많이 갑니다.)

③ 手が出(で)ない(엄두도 못내다)

　アパートはあまり広(ひろ)くて私には手が出ない。

　(아파트는 너무나 넓어서 나로서는 엄두가 나지 않는다.)

④ 手も足(あし)も出ない(꼼짝달싹 못하다, 해 볼 도리가 없다)

　力(ちから)と技(ぎ)の差(さ)がありすぎて手も足も出なかった。

　(힘과 기술의 차이가 너무 나서, 꼼짝도 못했다.)

⑤ 手を回(まわ)す(손을 쓰다, 온갖 수단을 다하다)

　手を回しておいたから許可(きょか)がおりるだろう。

　(손을 써 두었으니 허가가 날 것이다.)

⑥ 手を焼(や)く(애를 먹다)

　弟の酒好(さけず)きにはまったく手を焼いています。

　(동생의 술을 좋아하는 것에는 정말 애를 먹고있습니다.)

12. 足(あし): 발

① 足が出(で)る(적자가 나다)

原料(げんりょう)が高(たか)すぎて100万円(ひゃくまんえん)ぐらい足が出た。

(원료가 너무 비싸서 백만엔 정도 적자를 보았다.)

② 足が棒(ぼう)になる(다리가 뻣뻣해지다)

遠足(えんそく)のあくる日(ひ)まで足が棒になった。

(소풍한 이튿날까지 다리가 뻣뻣해졌다.)

③ 足留(あしど)めを食(く)う(발이 묶이다)

大雨(おおあめ)で橋(はし)が流(なが)れ、足留めを食った。

(홍수로 다리가 떠내려가 발이 묶였다.)

④ 足を洗(あら)う(손을 씻다. 손을 떼다)

とばくの世界(せかい)からきれいに足を洗った。

(도박계에서 깨끗이 손을 씻었다.)

⑤ 足を伸(の)ばす(내친 걸음에 ~하다)

名古屋(なごや)へ行ったついでに奈良(なら)まで足を伸ばして従兄(いとこ)の家を訪(たず)ねてきた。

(나고야에 간 김에 나라까지 가서 사촌형 집에 다녀왔다.)

⑥ 足を運(はこ)ぶ(발길을 옮기다)

何度(なんど)も足を運んでやっと会員(かいいん)になれた。

(몇 번이나 찾아가 겨우 회원이 될 수 있었다.)

13. 気(き): 정신

① 気がある(할 마음이 있다)

あなたは語学(ごがく)を勉強(べんきょう)する気があります
か。

(당신은 어학을 공부할 마음이 있습니까?)

② 気が滅入(めい)る(기분이 우울해지다)

長雨(ながあめ)には気が滅入ってしかたがない。

(장마철에는 우울해져서 견딜 수가 없다.)

③ 気に入(い)る(마음에 들다)

なんとなく彼女が気に入(い)る。

(어쩐지 나도 모르게 그녀가 마음에 든다.)

④ 気に食(く)わない(마음에 들지 않다)

気に食わないやつばかり溗(あつ)まっている。

(마음에 들지 않는 놈들만 모여있다.)

⑤ 気をもむ(애태우다, 조바심치다)

そんな小さなことに気をもむことないよ。

(그렇게 작은 일에 조바심칠 것 없어요)

⑥ 気を紛(まぎ)らす(기분을 달래다)

外国(がいこく)から来(き)たサーカスでも見(み)て気を紛ら
そうかな。

(외국에서 온 서커스라도 보며 기분 좀 풀어볼까!)

14. 心(こころ): 마음

① 心に刻(きざ)む(마음속에 새기다, 명심하다)

幼(おさな)い時(とき)の出来事(できごと)は私の心に刻まれているのが多(おお)い。

(어릴때의 사건은 내 마음에 새겨져 있는 것이 많다.)

② 心を打(う)つ(심금을 울리다. 마음에 와 닿다)

人の心を打つ映画(えいが)は少(すく)ない。

(사람의 심금을 울린 영화는 적다.)

③ 心細(ぼそ)い(허전하다. 불안하다)

一人(ひとり)で外国(がいこく)へ行かせることは心細い。

(혼자서 외국에 가게 하는 것은 불안하다.)

④ 心当(あ)たり(짐작가는데, 짚이는데)

息子(むすこ)の行(ゆ)き先(さき)について心当(こころあ)たりは ないですか。

(아들이 간 곳에 대해 뭔가 짚이는 데가 없습니까?)

⑤ 心ゆくまで(마음껏, 실컷)

会館(かいかん)で心ゆくまで楽(たの)しんでください。

(회관에서 마음껏 즐기십시오.)

⑥ 心ならずも(본의 아니게, 마지못해서)

私は心ならずも失敗(しっぱい)してしまいました。

(저는 본의 아니게 실패해 버렸습니다.)

제4장 속담 · 격언

1. あ行 2. か行 3. さ行 4. た行
5. な行 6. ま行 7. や行

1. あ行

① 会(あ)うは別(わか)れの始(はじ)め

  만남은 헤어짐의 시작 = 会者定離(회자정리)

② 後(あと)の祭(まつ)り

  행차 뒤에 나팔, 사후 약방문

③ あばた もえくぼ

  곰보도 보조개로 보인다.

④ 虻蜂(あぶはち)取(と)らず。

  말파리와 벌은 같이 잠을 자지 않는다.

  두 마리 토끼를 쫓으면 한 마리도 못 잡는다.

⑤ 雨垂(あまだ)れ石(いし)を うがつ。

  낙숫물이 댓돌을 뚫는다.

⑥ 雨(あめ)降(ふ)って地(じ)固(かた)まる。

  비 온 뒤에 땅이 굳는다.

⑦ 言(い)うは易(やす)く行(おこな)うは難(かた)し。

  말하기는 쉽지만 행동하기는 어렵다.

⑧ 生(い)き馬(うま)の目(め)を扱(ぬ)く。

  눈감으면 코 베어간다. 산 말의 눈알을 빼간다.

⑨ 石橋(いしばし)を叩(たた)いて渡(わた)る。

  돌다리도 두드려 보고 건넌다.

⑩ 一(いち)を聞(き)いて十(じゅう)を知(し)る。

하나를 들으면 열을 안다.

⑪ 一石二鳥(いっせきにちょう)

일석이조

⑫ 井(い)の中(なか)の蛙(かわず)

우물 안 개구리

⑬ 言(い)わぬが花(はな).

말하지 않는 것이 낫다.

⑭ 雨後(うご)の筍(たけのこ)

우후죽순

⑮ 氏(うじ)より育(そだ)ち。

가문보다 가정교육이 중요함

⑯ 売(う)り言(ことば)に買(か)い言葉(ことば)。

가는 말이 고와야 오는 말이 곱다.

⑰ 噂(うわさ)をすれば影(かげ)がさす。

호랑이도 제 말하면 온다.

⑱ 絵(え)に描(か)いた餅(もち)

그림의 떡

⑲ 江戸(えど)の敵(かたき)を長崎(ながさき)で討(う)つ。

종로에서 뺨 맞고 한강에 가서 눈 흘긴다.

에도의 적을 나가사끼에서 친다.

⑳ 恩(おん)を仇(あだ)で返(かえ)す。

은혜를 원수로 갚다.

2. か行

① 飼(か)い犬(いぬ)に手(て)を噛(か)まれる。

기르는 개한테 손을 물리다.

믿는 도끼에 발등 찍힌다.

② 河童(かっぱ)の川流(かわなが)れ。

헤엄은 잘 치던 사람도 물에 빠져죽는다는 뜻

③ 金(かね)の切(き)れ目(め)が縁(えん)の切れ目。

돈 떨어지면 정도 끊긴다.

④ 壁(かべ)に耳(みみ)あり障子(しょうじ)に目(め)あり。

낮말은 새가 듣고 밤말은 쥐가 듣는다.

⑤ 聞(き)いて極楽(ごくらく)見(み)て地獄(じごく)。

듣는 것과 보는 것은 큰 차이가 난다.

⑥ 聞(き)くは一時(いっとき)の恥(はじ)、聞かぬは一生(いっしょう)の恥(はじ)。묻는 것은 한 순간의 수치이나, 묻지 않는 것은 한평생의 수치.

⑦ 漁夫(ぎょふ)の利(り)。

어부지리

⑧ 苦(く)あれば楽(らく)あり。고생 끝에 낙이 온다.

⑨ 口(くち)は災(わざわ)いのもと。입은 화의 근원

⑩ 光陰(こういん)矢(や)の如(ごと)し。

세월은 화살과 같이 빠르다.

3. さ行

① 知(し)らぬが仏(ほとけ)

모르는 게 약이다.

② 水魚(すいぎょ)の交(まじ)わり。

수어지교(친밀한 관계)

③ 空(す)き腹(ばら)にまずい物(もの)なし。

시장이 반찬이다.

④ 住(す)めば都(みやこ)。

정들면 고향

⑤ 捨(す)てる神(かみ)あれば拾(ひろ)う神あり。

버리는 신이 있으면 줍는 신이 있다.

죽으라는 법은 없다.

⑥ 千里(せんり)の堤(つつみ)も蟻(あり)の空(あな)より。

천길 방죽도 개미 구멍 하나로 무너진다.

⑦ 前門(ぜんもん)の虎(とら)後門(こうもん)の狼(おおかみ)。

앞문에는 호랑이, 뒷문에는 이리(즉 산너머 산이라는 뜻)

⑧ 袖(そで)触(ふ)れ合(あ)うも他生(たしょう)の縁(えん)。

옷깃만 스쳐도 인연

4. た行

① 高嶺(たかね)の花(はな)。

　　높은 산의 꽃, 그림의 떡

② 棚(たな)から牡丹餅(ぼたもち)。

　　선반에서 떨어진 떡. 굴러온 호박

③ 旅(たび)は道連(みちづ)れ世(よ)は情(なさ)け。

　　여행은 길 동무, 세상살이에는 인정

④ 月(つき)とすっぽん。

　　달과 자라, 하늘과 땅 차이

⑤ 天(てん)は二物(にぶつ)を与(あた)えず。

　　하늘은 공평하다. 하늘은 두 가지를 다 주지 않는다.

⑥ 豆腐(とうふ)にかすがい。

　　두부에 꺽쇠박기

⑦ 年寄(としよ)りは二度目(にどめ)の子供(こども)。

　　늙으면 애가 된다.

⑧ 隣(となり)の花(はな)は赤(あか)い。

　　이웃집 꽃이 더 붉다. 남의 떡이 커보인다.

⑨ 取(と)らぬ狸(たぬき)の皮算用(かわざんよう)。

　　너구리 굴 보고 피물(皮物)돈 내어 쓴다.

　　떡줄 놈은 생각지도 않는데 김칫국부터 마신다.

⑩ どんぐりの背(せい)比(くら)べ。

　　도토리 키재기.

5. な行

① 七転(ななころ)び八起(やお)き。

칠전팔기

② 能(のう)ある鷹(たか)は爪(つめ)を隠(かく)す。

능력있는 매는 발톱을 감춘다.

③ 花(はな)より団子(だんご)。

꽃보다 경단. 금강산도 식후경

④ 早起(はやお)きは三文(さんもん)の得(とく)。

일찍 일어나면 뭔가 좋은 일이 생긴다.

⑤ 人の噂(うわさ)も七十五日(しちじゅうごにち)。

세상소문도 75일. 남의 소문도 석달을 못간다.

⑥ 人(ひと)は見(み)目(め)より心(こころ)。

얼굴보다 마음씨

⑦ 人の褌(ふんどし)で相撲(すもう)を取(と)る。

남의 샅바 매고 씨름한다.

재주는 곰이 부리고 이익은 엉뚱한 사람이 차지한다.

⑧ 一人(ひとり)相撲(ずもう)を取(と)る。

혼자서 용쓴다.

6. ま行

① 負(ま)けるが勝(か)ち。

　지는 것이 이기는 것

② 馬子(まご)にも衣装(いしょう)。

　옷이 날개

③ 水(みず)清(きよ)ければ魚(うお)棲(す)まず。

　물이 맑으면 고기가 살지 못한다.

④ 三(みっ)つ子(ご)の魂(たましい)百(ひゃく)まで。

　세 살 버릇 여든까지 간다.

⑤ 目糞(めくそ)鼻糞(はなくそ)を笑(わら)う。

　똥 묻은 개가 겨 묻은 개 나무란다.

7. や行

① 薮(やぶ)から棒(ぼう)。

　아닌 밤중에 홍두깨.「寝耳(ねみみ)に水。」와 유사함

② 薮(やぶ)をつついて蛇(へび)を出(だ)す。

　덤불을 쑤셔서 뱀을 나오게 하다. 긁어 부스럼

③ 油断大敵(ゆだんたいてき)。

　방심은 금물

제4부
문형으로
배우는 일본어

1. ~て 접속조사
2. ~で 격조사
3. ~で 형용동사
4. ~て 형용사
5. ~くて 형용사
6. ~くて 형용사
7. ~なくて 조동사
8. ~なくてもかまわない 조동사
9. ~なくてもいい 조동사
10. ~てはいけない 동사연용형
11. ~ないで・ずに 동사부정형
12. ~ている
13. ~ている
14. ~から ~まで
15. ~から ~までの
16. ~での
17. ~からの~
18. ~までの~
19. ~から
20. ~から
21. ~から
22. ~ので
23. ~ので
24. ~なので
25. ~なので
26. ~やすい
27. ~にくい
28. ~くなる
29. ~になる
30. ~になる
31. ~だから
32. ~は ~て、~は~
33. ~は ~くて、~は~
34. ~は ~で、~は~
35. ~てから

36. ~に行く
37. ~に来る
38. ~とき(は)
39. ~ないとき(は)
40. ~たり、~たりする
41. ~すぎる
42. ~すぎる
43. ~すぎる
44. ~かもしれない
45. ~ないでください
46. ~こと
47. ~ていく
48. ~てくる
49. ~で~
50. ~まで~ ないでください
51. ~つもりだ
52. ~ないつもりだ
53. それは ~からだ
54. ~てしまう
55. (よ)うと思っている
56. ~でしょう
57. ~のは、~ことだ
58. ~なのは、ことだ
59. ~てみせる
60. ~てくれ・ください
61. ~なさい
62. お ～ ください
63. ~なのは、~ことだ
64. し
65. ~し、~し
66. ~のはずだ
67. ~か
68. ~かどうか
69. ~という
70. ~でなくてはいけない(ならない)

1. ~て 접속조사

> (일련의 동작이나 상태를 나타내는) '…서, …고, …하고, …하여'의 뜻으로 어떤 동작에서 다른 동작으로 이어지는 경우에 사용된다.

① 起^おきて、顔^{かお}を洗^{あら}って食事^{しょくじ}をする。

아침에 일어나서 세수하고 식사하다.

② 彼^{かれ}はうたっておどって一晩中^{ひとばんじゅう}さわいでいた。

그는 노래하고 춤추고 밤새도록 떠들고 있었다.

③ 電灯^{でんとうけ}を消してベッドにはいった。

전등을 끄고 잠자리에 들었다.

④ うれしくて思^{おも}わず飛^とび上^あがった。

기뻐서 나도 모르게 펄쩍 뛰었다.

⑤ 李さんは帰国^{きこく}して、入院しました。

이씨는 귀국해서 입원했습니다.

🚌참고🚌

- 一晩中(ひとばんじゅう) : 밤새도록
- さわぐ : 떠들다
- 電燈(でんとう)を消(け)す : 전등을 끄다
- 思(おも)わず : 나도 모르게
- 帰国(きこく) : 귀국
- 入院(にゅういん) : 입원

2. ~で 격조사

> 수량 따위를 나타내는 말에 접속하여 쓰일 때는 「~으로서」의 뜻으로 사정이나 상태를 나타낸다.

① このかごの野菜は全部でいくらですか。

　이 바구니의 야채는 전부해서 얼마입니다.

② このホテルは税込みで一泊二万円です。

　이 호텔은 세금 포함해서 1박 만엔입니다.

③ 今日はクラスメート全員で遠足に行きます。

　오늘은 반 전원이 소풍하러 갑니다.

④ このなしは一個でいくらてせすか。

　이 배는 한 개에 얼마입니까?

⑤ 私はアパートの地下室に家族7人で暮らしています。

　저는 아파트지하실에서 가족 일곱명이 살고 있습니다.

참고

- かご : 바구니
- 税(ぜい)込(こ)み : 세금 포함
- クラスメート : 반전원
- 遠足(えんそく) : 소풍
- 家族(かぞく) : 가족
- 暮(く)らす : 생활하다

3. ～で 형용동사

어미 「だ」가 「で」로 변하여 앞뒤의 병렬관계를 나타낸다.

① 山は空気ききれいで、さわやかです。

　산은 공기도 깨끗하고, 상쾌합니다.

② 恋人はきれいで真面目です。

　애인은 예쁘고 성실합니다.

③ 吉村さんは真面目でハンサムです。

　요시무라 씨는 성실하고 미남입니다.

④ 弟のアパートは静かできれいです。

　동생 아파트는 조용하고 깨끗합니다.

⑤ 吉野先生は素敵で、有能な方です。

　요시노 선생님은 멋지고, 유능한 분입니다.

참고

- さわやかだ : 상쾌하다
- 恋人(こいびと) : 애인
- 真面目(まじめ)だ : 성실하다
- ハンサム : 핸섬, 미남
- 素敵(すてき)だ : 멋지다
- 有能(ゆうのう)だ : 유능하다

4. ~で 형용사

어미 「だ」가 「で」로 바뀌면 3과와 같이 병렬관계를 나타내기도 하지만 아래의 예문처럼 「~해서」의 뜻으로 원인·이유·설명을 나타내기도 한다.

① 都会は交通が便利で家賃が高いです。

　도시는 교통이 편리해서 집세도 비쌉니다.

② 木村さんは人に不親切で気に入りません。

　기무라 씨는 남에게 불친절해서 마음에 들지 않습니다.

③ ドイツ語の文法は複雑でむずかしいです。

　독일어 문법은 복잡해서 어렵군요.

④ 私の事務室は静かで好きです。

　저의 사무실은 조용해서 좋아합니다.

⑤ デパートは買物がとても便利でいいです。

　백화점은 쇼핑이 매우 편리해서 좋습니다.

참고

- 便利(べんり)だ : 편리하다
- 家賃(やちん) : 집세
- 気(き)に入(い)る : 마음에 들다
- むずかしい : 어렵다
- 好(す)きだ : 좋아하다
- 買物(かいもの) : 쇼핑

5. くて 형용사

어미 'い'가 「く」로 변한 것은 접속조사 「て」가
오면 이렇게 「くて」가 되어 「~하고, ~하다」의
뜻으로 앞뒤가 병렬관계에 있음을 나타낸다.

① 日本の夏は湿気が多くてむし暑いです。
   <small>なつ　しっけ　　　　あつ</small>

   일본 여름은 습기가 많고 무덥습니다.

② 奈良のみかんは大きくておいしいです。
   <small>なら</small>

   나라 귤은 크고 맛있습니다.

③ 島村さんの指は白くて細しです。
   <small>しまむら　　　ゆび しろ　ほそ</small>

   시마무라 씨의 손가락은 희고 가늘군요.

④ 彼女は赤くて短い傘を買いました。
   <small>かのじょ あか　みしす かさ　か</small>

   그녀는 빨갛고 짧은 우산을 샀습니다.

⑤ 北国の冬は南国より長くて寒いです。
   <small>ほっこく ふゆ　なんごく　なが　さむ</small>

   북국 겨울은 남국보다 길고 춥습니다.

참 고

- むし暑(あつ)い : 무덥다
- おいしい : 맛있다
- 指(ゆび) : 손가락
- 細(ほそ)い : 가늘다
- 赤(あか)い : 빨갛다
- 短(みじか)い : 짧다

6. ~くて 형용사

어미 「い」가 「て」가 오면 「く」로 바뀌어 「~くて」가 된 것이다. 앞의 것이 뒤의 것이 원인이나 이유·설명을 나타낸 것이다.

① <ruby>秋<rt>あき</rt></ruby>はすずし<u>くて</u>、<ruby>気持<rt>きも</rt></ruby>ちがいいです。

    가을은 시원해<u>서</u> 기분이 좋습니다.

② このうどんは<ruby>辛<rt>から</rt></ruby>くて<ruby>口<rt>くち</rt></ruby>に<ruby>合<rt>あ</rt></ruby>わないんです。

    이 우동은 매워<u>서</u> 입에 맞지 않습니다.

③ <ruby>野菜<rt>やさい</rt></ruby>はビタミンが<ruby>多<rt>おお</rt></ruby>くて<ruby>体<rt>からだ</rt></ruby>にいいんです。

    채소는 비타민이 많아<u>서</u> 몸에 좋습니다.

④ このみかんはあまり<ruby>酸<rt>す</rt></ruby>っぱ<u>くて</u><ruby>食<rt>た</rt></ruby>べにくいです。

    이 귤은 너무 시어<u>서</u> 먹기 곤란합니다.

⑤ この<ruby>部屋<rt>へや</rt></ruby>は<ruby>外<rt>ほか</rt></ruby>の部屋より<ruby>明<rt>あか</rt></ruby>る<u>くて</u>いいですね。

    이 방은 다른 방보다 밝아<u>서</u> 좋군요.

참고

- すずしい : 시원하다
- 辛(から)い : 맵다
- 口(くち)に合(あ)う : 입에 맞다
- 酸(す)っぱい : 시다
- 部屋(へや) : 방
- 明(あか)るい : 밝다

7. ~なくて 조동사

> 「ない」가 「て」가 오면 어미 「い」가 「~なくて」가 되
> 어, 이유나 원인을 나타낸다.

① IMFで品物が売れなくて、困っています。

　IMF로 물건이 팔리지 않아서 곤란합니다.

② 退社には電車が混まなくて、助かりました。

　퇴근에는 전차가 붐비지 않아서 다행이었습니다.

③ 水道の水が出なくて、顔も洗えません。

　어젯밤은 잘 자지 못해서 오늘은 매우 피곤합니다.

④ 昨晩はよく眠れなくて、今日はとても疲れています。

　어젯밤은 잘 자지 못해서 오늘은 매우 피곤합니다.

⑤ 約束の時間に来なくて、先に行きました。

　약속 시간에 오지 않아서 먼저 갔습니다.

참고

- 品物(しなもの) : 물건
- 困(こま)る : 곤란하다
- 退社(たいしゃ) : 퇴근
- 助(たす)かる : 도움을 받다, 다행이다
- 疲(つか)れる : 피곤하다
- 約束(やくそく) : 약속

8. ～なくてもかまわない 조동사

부정형에 「てもかまわない」가 접속하면 「～하지 않아도 상관없다, 괜찮다」의 뜻으로 「～なくてもいい」와 같은 뜻이 된다.

① 着物(きもの)は派手(はで)でなくてもかまいません。

　옷은 화려하지 않아도 상관없습니다.

② 兄が行くから、田中(たなか)さんは行(い)かなくもかまいません。

　형님이 갈테니까, 다나카 씨는 가지 않아도 됩니다.

③ インスタント食品は料理(しょくひん りょうり)をしなくてもかまわない。

　인스턴트 식품은 요리를 하지 않아도 상관없다.

④ アパートにお風呂(ふろ)が付(つ)いていなくてもかまわない。

　아파트에 욕실이 딸려있지 않아도 괜찮다.

⑤ このレストランは大人(おとな)でなくてもかまいません。

　이 레스토랑은 어른이 아니라도 괜찮습니다.

🚌참고🚌

- 着物(きもの): 옷
- 派手(はで)だ: 화려하다
- 料理(りょうり): 요리
- アパート: 아파트
- レストラン: 레스토랑
- 大人(おとな): 어른

9. ~なくてもいい 조동사

> 「ない」의 부정형에 「~てもいい」가 접속하여 「~なくてもいい」의 형태가 되면 「~하지 않아도 된다」라는 뜻이 된다. 「~なくてもかまわない」와 같은 뜻이 된

① 軽い怪我ですから、心配しなくてもいいですよ。

   가벼운 상처이니까, 걱정하지 않아도 됩니다.

② あなたは朝ご飯を食べなくてもいいですか。

   당신은 아침밥을 먹지 않아도 됩니까?

③ アンケート用紙に名前を書かなくてもいいですよ。

   앙케트 용지에 이름을 적지 않아도 돼요.

④ 明日はアルバイトに行かなくてもいいです。

   내일은 아르바이트에 가지 않아도 됩니다.

⑤ インスタント食品は料理をしなくてもいいです。

   인스턴트 식품은 요리를 하지 않아도 됩니다.

참고

- 怪我(けが) : 상처
- 心配(しんぱい) : 걱정
- 朝(あさ)ご飯(はん) : 아침밥
- 用紙(ようし) : 용지
- 名前(なまえ) : 이름
- インスタント : 인스턴트

10. ~てはいけない 동사 연용형

> 「~てはいけない」가 접속하면 「~해서는 안된다」라는 뜻이 된다. 상대방의 행위를 금지하는 표현이다. 「~てはならない」와 같은 뜻이 된다.

① タバコの吸いがらを窓から捨ててはいけません。(なりません)

담배 꽁초를 창문으로 버려서는 안됩니다.

② 授業に遅れてはいけない。(ならない)

수업에 늦어서는 안된다.

③ ここで写真を撮ってはいけない。(ならない)

여기에서 사진을 찍어서는 안된다.

④ 図書館でおしゃべりをしてはいけません。(なりません)

도서관에서 잡담을 해서는 안됩니다.

⑤ 学校を一日も休んではいけません。(なりません)

학교를 하루라도 쉬어서는 안됩니다.

참고

• 吸(す)いがら : 옷
• 授業(じゅぎょう) : 화려하다
• 遅(おく)れる : 요리
• 写真(しゃしん)を撮(と)る : 아파트
• おしゃべり : 레스토랑
• 休(やす)む : 어른

11. ～ないで・ずに 동사 부정형

「で」를 접속해서「～ないで」가 되면「～않고」가 된다. 문장체에서는「～ずに」를 사용한다.

① 本を見ないで言ってごらんなさい。

   책을 보지 <u>않고</u> 말해 보십시오

② 家内は皮をむかないでりんごを食べます。

   아내는 껍질을 벗기지 <u>않고</u> 사과를 먹습니다.

③ 体を洗わないで湯船に入ってはいけません。

   몸을 씻지 <u>않고</u> 욕조에 들어가서는 안됩니다.

④ シートベルトをしないで車を運転してはいけない。

   안전벨트를 매지 <u>않고</u> 차를 운전해서는 안된다.

⑤ 高木さんは脇目も振らないで一生命勉強しています。

   다카기 씨는 한 눈도 팔지 <u>않고</u> 열심히 공부를 하고 있습니다.

참고

• 家内(かない) : 아내
• 皮(かわ)をむく : 껍질을 벗기다
• 湯船(ゆぶね) : 욕조
• シートベルト : 안전벨트
• 一生懸命(いっしょうけんめい) : 열심히
• 脇目(わきめ)も振(ふ)らない : 한 눈도 팔지 않는다

12. ～ている

자동사 · 타동사에 보조동사 「いる」가 접속하면 「～ている」「～하고 있다」
라는 뜻이 된다. 즉 동작 · 작용의 진행상태를 나타낸다. 어미가 「ぐ · ぬ ·
ぶ · む」인 경우에는 「て」에 탁음이 붙어서 「～でいる」가 된다.

① 裏山には人がおおぜい登っています。

뒷산에는 사람이 많이 오르고 있습니다.

② 風に乗って桜の花がたくさ散っています。

바람을 타고 벚꽃이 많이 떨어지고 있습니다.

③ 大通りには車がたくさん走っています。

큰 길에는 차가 많이 달리고 있습니다.

④ 今日は朝から雨が降っています。

오늘은 아침부터 비가 내리고 있습니다.

⑤ 春雨がしとしと降っています。

봄비가 촉촉히 내리고 있습니다.

참고

- 裏山(うらやま) : 뒷산
- 登(のぼ)る : 오르다
- 風(かぜ)に乗(の)る : 바람을 타다
- 大通(おおどお)り : 큰 길
- 走(はし)る : 달리다
- 春雨(はるさめ) : 봄비

13. ~ている

동사에 접속하는 「~ている」는 동사의 성질에 따라서 진행을
나타내기도 하고 동작이 행해진 결과의 상태를 나타내기도 한
다. 이 때는 우리말의 억지로 해석하면 「~어 있다」가 된다.

① このりんごは半分腐っています。
　　　　　　　　　　はんぶん　くさ

　　이 사과는 절반이 썩어 있습니다.

② 村上さんは友達にお金を借りています。
　　むらかみ　　　ともだち　　かね　か

　　무라카미 씨는 친구에게 돈을 빌렸습니다.

③ 公園にきれいな花がたくさん咲いています。
　　こうえん　　　　　　はな　　　　　　さ

　　공원에 예쁜 꽃이 많이 피어 있습니다.

④ 田端さんはドイツ人と結婚しています。
　　たばた　　　　　　じん　けっこん

　　다바타 씨는 독일인과 결혼했습니다.

⑤ 上原さんは仕事でアメリカに行っています。
　　うえはら　　　しごと　　　　　　　　　い

　　우에하라 씨는 일 때문에 미국에 갔습니다.

참고

- 半分(はんぶん) : 절반
- 腐(くさ)る : 썩다
- 借(か)りる : 빌리다
- きれいだ : 예쁘다
- 結婚(けっこん) : 결혼
- 仕事(しごと) : 일, 작업

14. ~から ~まで

> 우리말의 「~에서, ~까지」의 뜻이 된다. 명사에 접속하여 장소·공간·시간의 범위를 나타낸다. 「~から」는 기점을 「~まで」는 한계를 나타낸다.

① ソウル<u>から</u>成田<u>まで</u>飛行機でどのくらいかかりますか。
なりた　　ひこうき

　서울<u>에서</u> 나리따<u>까지</u> 비행기로 어느 정도 걸립니까?

② 宿題は25ペ―ヅ<u>から</u>36ペ―ヅ<u>まで</u>です。
しゅくだい

　숙제는 25쪽<u>부터</u> 36쪽<u>까지</u> 입니다.

③ うちの会社の事務室は2階<u>から</u>3階<u>まで</u>です。
かいしゃ　じむしつ　にかい　さんがい

　우리 회사 사무실은 2층<u>에서</u> 3층<u>까지</u>입니다.

④ 今月<u>から</u>来月<u>まで</u>忙しくて暇がありません。
こんげつ　らいげつ　いそが　　ひま

　이번 달<u>부터</u> 다음달<u>까지</u> 바빠서 짬이 없습니다.

⑤ 家<u>から</u>駅<u>まで</u>タクジ―で行きましょう。
うち　えき

　집<u>에서</u> 역<u>까지</u> 택시로 갑시다.

참고

- 飛行機(ひこうき)：비행기
- 宿題(しゅくだい)：숙제
- 事務室(じむしつ)：사무실
- 来月(らいげつ)：내달
- 忙(いそが)しい：바쁘다
- 暇(ひま)：짬

15. ~から ~までの

「から~まで」에 조사 「の」를 삽입하여 뒤에 체언이 이어지면 「~부터 ~까지의 ~」의 뜻이 된다. 시간·장소·공간의 범위를 나타낸다.

① 釜山からソウルまでの特急はいくらですか。
　（とっきゅう）

　부산에서 서울까지 특급은 얼마입니까?

② 15ページから28ページまでの聞き取りの試験です。
　（き と）（しけん）

　15쪽에서 28쪽까지의 듣기 시험입니다.

③ 去年から今までの生活は苦労が多かったんです。
　（きょねん）（いま）（せいかつ）（くろう）（おお）

　작년부터 지금까지의 생활은 고생이 많았습니다.

④ ソウルから成田までの飛行時間はどのくらいですか。
　（なりた）（ひこうじかん）

　서울에서 나리따까지의 비행시간은 어느 정도입니까?

⑤ 駅から下村さんの家までの距離は何メートルですか。
　（えき）（しもむら）（うち）（きょり）（なん）

　역에서 시모무라 씨 집까지 거리는 몇 미터입니까?

참고

- 特急(とっきゅう) : 특급
- 生活(せいかつ) : 생활
- 苦労(くろう) : 고생
- 多(おお)い : 많다
- 時間(じかん) : 시간
- 距離(きょり) : 거리

16. ～での

> 장소를 나타내는 조사 「で」에 「の」가 삽입되어 뒤에
> 명사가 이어지면 「～에서의」 뜻이 된다. 장소・공간을
> 나타낸다.

① 百貨店での買物はとても便利でした。

　백화점에서 쇼핑은 매우 편리했습니다.

② 日本での研修はたいへん役に立ちました。

　일본에서의 연수는 매우 쓸모가 있었습니다.

③ バスの中での読書は目によくありません。

　버스 안에서의 독서는 눈에 좋지 않습니다.

④ 会社での仕事は複雑な事だけです。

　회사에서의 일은 복잡한 일뿐입니다.

⑤ デパートでのアルバイトは7時に終わります。

　백화점에서의 아르바이트는 9시에 끝납니다.

참고

- 便利(べんり)だ：편리하다
- 研修(けんしゅう)：연수
- 役(やく)に立(た)つ：쓸모가 있다. 유리하다
- 読書(どくしょ)：독서
- 複雑(ふくざつ)だ：복잡하다
- 終(お)わる：끝나다

17. ~からの~

「명사＋からの＋명사」의 형태는「～로부터, ～에서의 ~」뜻이다. 장소·시간·공간의 출발점이나 동작·작용의 출처를 나타낸다.

① <ruby>伊藤商事<rt>いとうしょうじ</rt></ruby>からのFAXが<ruby>入<rt>はい</rt></ruby>っています。

　이토상사<u>로부터</u> 팩스가 들어왔습니다.

② 今、父からの<ruby>小包<rt>こづつみ</rt></ruby>が<ruby>届<rt>とど</rt></ruby>きました。

　지금, 아버지<u>에게서의</u> 소포가 도착했습니다.

③ <ruby>米国<rt>べいこく</rt></ruby>のバイヤ―からのサンプルが<ruby>届<rt>とど</rt></ruby>きました。

　미국 바이어<u>로부터</u> 샘플이 도착했습니다.

④ 彼は<ruby>恋人<rt>こいびと</rt></ruby>からの<ruby>手紙<rt>てがみ</rt></ruby>を<ruby>待<rt>ま</rt></ruby>っています。

　그는 애인<u>의</u> 편지를 기다리고 있습니다.

⑤ きのう，<ruby>田舎<rt>いなか</rt></ruby>の<ruby>友達<rt>ともだち</rt></ruby>からの<ruby>連絡<rt>れんらく</rt></ruby>がありました。

　어제 시골 친구<u>에게서</u> 연락이 왔습니다.

참고

- 入(はい)る : 들어오다
- 小包(こづつみ) : 소포
- 届(とど)く : 도착하다
- 手紙(てがみ) : 편지
- 田舎(いなか) : 시골
- 連絡(れんらく) : 연락

18. ~までの~

> 체언에 이어지는 조사 「~まで」는 거리·시간·공간의 한계를 나타낸다. 뒤에 체언이 접속되면 조사 「の」를 사입하여 「~までの」 「~까지의」형태로 쓰인다.

① 深夜までの勉強はとても疲れます。

　심야까지의 공부는 매우 피곤합니다.

② 日本語は初級から上級までのコースがあります。

　일본어는 초급에서 상급까지의 코스가 있습니다.

③ あしたまでの宿題は山積みです。

　내일까지의 숙제는 산더미처럼 많습니다.

④ 浅草までの切符を買ってください。

　아시쿠사까지의 표를 사 주십시오.

⑤ 東京までの距離は二百キロぐらい残っている。

　도쿄까지의 거리는 2백킬로정도 남아 있다.

참고

- 深夜(しんや)：심야
- 勉強(べんきょう)：공부
- 宿題(しゅくだい)：숙제
- 山積(やまづ)み：산더미처럼
- 切符(きっぷ)：표, 입장권
- 残(のこ)る：남다

19. ～から

동사에 접속하는 「から」는 「～하니까, ～하므로, ～해서」 등의 뜻이 된다. 즉 원인·이유를 나타낸다.

① 試験か近づいているから、遊んではいられない。

　시험이 가까와 있기 때문에 놀고 있을 수는 없다.

② 遅刻するから、タクシーで行きなさい。

　지각하니까 택시로 가십시오

③ 太るから、肉はあまり食べません。

　살찌니까, 고기는 그다지 먹지 않습니다.

④ 今薬を飲んでいるから、酒は飲みません。

　지금 약을 복용하고 있으므로 술은 마시지 않습니다.

⑤ お金がたくさんあるから, 何でも買えます。

　돈이 많이 있으니까 무엇이든 살 수 있습니다.

참고

- 試驗(しけん) : 시험
- 遊(あそ)ぶ : 놀다
- 遅刻(ちこく)する : 지각하다
- 太(ふと)る : 살찌다
- 薬(くすり) : 약
- 買(か)える : 살 수 있다

20. ～から

형용사에 접속하는 「から」는 「～하니까, ～하므로」의
뜻이 된다. 원인·이유를 나타낸다.

① 危ないから気を付けなさい。

위험하니까 주의하세요.

② あそこの屋台は安いから、よく行きます。

저 포장마차는 싸니까 자주 갑니다.

③ 今日は涼しいから、とても楽しいですね。

오늘은 시원해서 매우 즐겁습니다.

④ このズボンは白いから、汚れが目立ちます。

이 바지는 하얗기 때문에 더러움이 눈에 잘 보입니다.

⑤ お金がないから、不便な生活をしています。

돈이 없어서 불편한 생활을 하고 있습니다.

참고

• 危(あぶ)ない : 위험하다
• 気(き)を付(つ)ける : 조심하다
• 屋台(やたい) : 포장마차
• 涼(すず)しい : 서늘하다
• 楽(たの)しい : 즐겁다
• 目立(めだ)つ : 잘 보이다

21. ~から

> 형용동사에 「から」가 접속하면 「~하니까, ~하므로,
> ~해서」 등의 뜻이 된다. 원인·이유를 나타낸다.

① 金山さんは韓国の食事が苦手ですから, 大変です。

　　가네야마 씨는 한국음식이 입에 맞지 않아서 매우 난처합니다.

② 今日暇だから、午後から山登りに行きます。

　　오늘은 한가하니까, 오후부터 등산하러 갑니다.

③ 字が下手ですから, ワープロを使っています。

　　글씨가 서툴러서 워드프로세서를 사용하고 있습니다.

④ 宮田さんはとても親切ですから、何でも頼みやすいです。

　　미야타 씨는 매우 친절하니까, 무엇이든지 부탁하기 쉽습
　　니다.

⑤ ここは静かだから、とても住みやすいです。

　　여기는 조용해서 매우 살기 좋습니다.

참고

- 苦手(にがて)だ : 질색이다
- 大変(たいへん)だ : 힘들다
- 下手(へた)だ : 서툴다
- 親切(しんせつ)だ : 친절하다
- 頼(たの)む : 부탁하다
- 住(す)む : 살다, 거주하다

22. ~ので

동사에 접속하는 「ので」는 「から」와 마찬가지로 「~하므로, ~하기 때문에」의 뜻이 된다. 원인·이유를 나타낸다.

① 今日は用事があるので、遊びに行けない。

오늘은 용건이 생겨서 놀러 갈 수 없다.

② 午前中は約束がありますので、行けません。

오전중에서는 약속이 있어서 갈 수 없습니다.

③ 朝から曇っているので、布団干しはできませんね。

아침부터 흐려서 침구는 말릴 수 없겠군요

④ 来年の春卒業するので、進路について考えている。

내년 봄에 졸업하기 때문에 진로에 대해 생각하고 있다.

⑤ 雨が降っているので、外出は止めました。

비가 내려서 외출은 그만 두었습니다.

참고

• 用事(ようじ) : 용건, 볼일
• 午前中(ごぜんちゅう) : 오전중
• 曇(くも)る : 흐리다
• 布団(ふとん) : 이불
• 干(ほ)す : 말리다
• 進路(しんろ) : 진로

23. ～ので

「から」와「ので」는 같이 사용되나 억지로 차이점을 말
한다면,「から」는 앞에 오는 원인을 강조하고,「ので」
는 뒤에 오는 결과를 강조한다고 보면 쉽다.

① 隣りの部屋がうるさいので、眠れなかった。

　옆방이 시끄러워서 자지 못했다.

② 事務室が新しいので、気持ちがいいです。

　사무실이 새 것이어서 기분이 좋습니다.

③ このラーメンはおいしいので、みんなに人気があります。

　이 라면은 맛있어서 모두에게 인기가 있습니다.

④ 給料が下がったので、これからの生活は苦しいです。

　월급이 내려서 지금부터의 생활은 괴롭습니다.

⑤ 他国の生活は寂しいので、夜酒場へよく行きます。

　타국 생활은 쓸쓸해서 밤에 술집에 자주 갑니다.

참고

- うるさい：시끄럽다
- 新(あたら)しい：새 것이다
- 気持ち(きも)：기분
- 人気(にんき)：인기
- 苦(くる)しい：괴롭다
- 寂(さび)しい：쓸쓸하다

24. ~なので

> 명사에 「ので」가 접속할 때는 「な」가 삽입되어 「なので」형태가 된다. 이 때는 「~이므로, ~때문에」로 해석된다.

① 私はまだ高校生なので、酒は飲めません。

저는 아직 고교생이어서 마실 수 없습니다.

② 朝から雨なので、私はどこにも出かけません。

아침부터 비가 와서 나는 어디에도 가지 않습니다.

③ 村井さんはけちなので、友達もないです。

무라이 씨는 구두쇠여서 친구도 없습니다.

④ 交通事故なので、道路が迫っています。

교통사고가 나서 도로가 막히고 있습니다.

⑤ 佐野さんはうそつきないで、誰でも信用しない。

사노 씨는 거짓말쟁이여서 아무도 믿지 않는다.

참고

- 出(で)かける : 외출하다
- けちだ : 구두쇠다
- 友達(ともだち) : 친구
- 迫(せま)る : 좁히다
- うそつき : 거짓말쟁이
- 信用(しんよう) : 신용

25. ~なので

「ので」가 형용사의 기본형에 접속할 때는 이미 「だ」가
「な」로 바뀐 연체형이 접속한다.

① 岩井さんはきれいなので、村中で人気があります。

  이와이 씨는 예뻐서 온 마을에서 인기가 있습니다.

② 柴田さんはとても真面目なので、私は好きです。

  시바타 씨는 매우 성실해서 나는 좋아합니다.

③ 図書館は静かなので、学生はよくそこで勉強します。

  도서관은 조용해서 학생은 자주 그곳에서 공부합니다.

④ くにの両親が元気だっなので、安心しました。

  고향의 양친이 건강해서 안심했습니다.

⑤ このデパートは買物が便利なので、よく来ます。

  이 백화점은 쇼핑이 편리해서 잘 옵니다.

🔆참고🔆

- きれいだ：예쁘다
- 村中(むらじゅう)：온 마을
- 図書館(としょかん)：도서관
- よく：자주
- 元気(げんき)だ：건강하다
- 便利(べんり)だ：편리하다

26. ~やすい

형용사형 접미어 「やすい」는 동사의 연용형에 접속한다. 「~기 쉽다, ~기 편하다」의 뜻이다.

① 寒くなると誰でも風邪を引きやすいです。

추워지면 감기에 걸리기 쉽습니다.

② 慣れた道具は使いやすいです。

익숙해진 도구는 쓰기 편리합니다.

③ 兎の肉はやわらかくて食べやすいです。

토기 고기는 연해서 먹기 쉽습니다.

④ この本は字が大きくて読みやすいです。

이 책은 글씨가 커서 읽기 쉽습니다.

⑤ この辞書は引きやすいです。

이 사전은 찾기 쉽습니다.

☞참고☜

- 風邪(かぜ)を引(ひ)く：감기가 들다
- 慣(な)れる：익숙해지다
- 兎(うさぎ)：토끼
- やわらかい：연하다
- 食(た)べる：먹다
- 引(ひ)く：찾다

27. ~にくい

형용사 접미어 「~にくい」는 동사의 연용형에 접속하여 쓰일 때는 「~기 힘들다, 어렵다」의 뜻으로 동작·작용이 어렵고 저항이 있음을 나타낸다.

① 韓方薬は苦くて飲みにくいです。

한방약은 써서 먹기 힘듭니다.

② かにはまったく食べにくいです。

게는 정말 먹기 힘듭니다.

③ 耳の病気は治りにくいです。

귀 병은 낫기 힘듭니다.

④ 細田先生の字は本当に読みにくいですね。

호소타 선생님 글씨는 정말 읽기 힘들군요.

⑤ 問題が難しくて答えにくいです。

문제가 어려워서 대답하기 힘듭니다.

참고

- 苦(にが)い : 쓰다
- 耳(みみ) : 귀
- 病気(びょうき) : 병
- 治(なお)る : 낫다, 치유되다
- 問題(もんだい) : 문제
- 難し(むずか)い : 어렵다

28. ~くなる

형용사의 어미 「なる」가 접속되면 「~어지다, ~게 되다」의 뜻이 된다. 어떤 상태에서 다른 상태로 변화하는 것을 나타낸다.

① 部長に昇進してからは、毎日忙しくなりました。

부장으로 승진하고 나서는 매일 바빠졌습니다.

② ドイツ語はだんだん難しくなります。

독일어는 점점 어려워집니다.

③ 夏が終わると、だんだん涼しくなります。

여름이 끝나면 점점 서늘해집니다.

④ 七月になると、日本の夏はむし暑くなります。

7월이 되면 일본의 여름은 무더워집니다.

⑤ 秋子さんは韓国に来てから美しくなりました。

아키코 씨는 한국에 오고 나서 아름다워 졌습니다.

참고

- 昇進(しょうしん) : 승진
- 忙(いそが)しい : 바쁘다
- だんだん : 점점
- 涼(すず)しい : 서늘하다
- むし暑(むつ)い : 무덥다
- 美(うつく)しい : 아름답다

29. ~になる

동사「なる」는「되다」라는 뜻이다. 어떤 상태에서 다른 상태로 변하는 것을 나타내는데, 명사에 접속할 때는「~になる」형태를 취한다. 이 때 주의할 것은「なる」동사 앞에는「に」가 와야한다는 것이다.

① 今年父は七十三才になりました。

　올해 아버지는 73세가 되었습니다.

② 娘は将来音楽家になりたいと言ってします。

　딸은 장래 음악가가 되고 싶다고 말합니다.

③ 氷が溶けて水になる。

　얼음이 녹아서 물이 된다.

④ もう紅葉の季節になりましたね。

　벌써 단풍 계절이 되었군요.

⑤ 午後2時になると幼稚園の孫が帰ってきます。

　오후 2시가 되면 유치원에 다니는 손자가 돌아옵니다.

참고

- 将来(しょうらい) : 장래
- 氷(こおり) : 얼음
- 溶(と)ける : 녹다
- 紅葉(もみじ) : 단풍
- 季節(きせつ) : 계절
- 幼稚園(ようちえん) : 유치원

30. ~になる

> 동사「なる」가 접속되면「~게 되다, ~어지다」의 뜻이 된다. 어떤 상태에서 다른 상태로 변화됨을 나타낸다.

① 地下鉄が通って交通が便利になりました。

　지하철이 통해서 교통이 편리해졌습니다.

② バスが通らなくて交通が不便になりました。

　버스가 지나가지 않아 교통이 불편해졌습니다.

③ 相撲が始まると静かになりました。

　씨름이 시작되자 조용해졌습니다.

④ お元気になって、何よりです。

　건강해져서 무엇보다 기쁩니다.

⑤ 私も日本語の会話が上手になりました。

　저도 일본어 회화가 능숙해졌습니다.

참고

- 通(かよ)る : 통하다, 지나다
- 便利(べんり) : 편리 ↔ 不便(ふべん)
- 相撲(すもう) : 씨름
- 始(はじ)まる : 시작되다
- 静(しず)かだ : 조용하다
- 上手(じょうず)だ : 능숙하다

31. ~だから

단정의 조동사「だ(です)」에 조사「から」가 접속되면「~
이니까, ~이므로」의 뜻이 된다. 원인·이유를 나타낸다.
「~だから」보다「~ですから」가 정중한 표현이다.

① 九時から会議だから、急いで行きましょう。

9시부터 회의이니까 서둘러서 갑시다.

② 午後は休みだから、家でゆっくりします。

오후는 쉬니까, 집에서 푹 쉬겠습니다.

③ これは先生のものですから気をつけてください。

이것은 선생님 것이니까 주의하십시오.

④ これは難しい漢字だから、覚えにくいです。

이것은 우려운 한자이므로 외우기 힘듭니다.

⑤ 田代君は未成年だから、タバコを吸ってはいけません。

다시로군은 미성년이니까 담배를 피워서는 안됩니다.

참고

- 急(いそ)ぐ : 서두르다
- ゆっくり : 푹, 충분히
- 漢字(かんじ) : 한자
- 覚(おぼ)える : 기억하다
- 未成年(みせいねん) : 미성년
- 吸(す)う : 피우다

32. ~は ~て, ~は~

동작이나 작용을 나열하여 설명할 때 쓰이는 표현문형으로 「~은 ~하고, ~은 ~하다」라는 뜻이다. 접속조사 「~て」는 동작을 나열하는 역할을 한다.

① 母はパンを食べていて, 父はご飯を食べています。

　어머니는 빵을 먹고 있고, 아버지는 밥을 먹고 있습니다.

② 妹は雑誌を読んでいて, 兄は新聞を読んでいる。

　누이동생은 잡지를 읽고, 형님은 신문을 읽고 있다.

③ Aさんはよく食べて、Bさんはよく飲みます。

　A씨는 잘 먹고, B씨는 잘 마십니다.

④ Aさんは会社に歩いて来て、Bさんはバスで来ます。

　A씨는 회사에 걸어서 오고, B씨는 버스로 옵니다.

⑤ 春子は絵を描いていて, 一郎はピアノを弾いている。

　하루크는 그림을 그리고 있고, 이치로-는 피아노를 치고 있습니다.

🚌참고🚌

- 妹(いもうと) : 누이동생
- 雑誌(ざっし) : 잡지
- 新聞(しんぶん) : 신문
- 歩(ある)く : 걷다
- 描(か)く : 그리다
- 弾(ひ)く : (피아노)를 치다

33. ~は ~くて, ~は~

형용사에 접속하는 「て」는 원인이나 이유, 설명을 나타내기도 하지만 아래의 예문처럼 「~は ~くて, ~は ~です」의 형태로 쓰일 때는 두 가지 이상의 상태를 열거하여 앞뒤가 상반됨을 나타낸다.

① 四季の中で冬は寒くて、春は暖かいです。

사계절 중에 겨울은 춥고, 봄은 따뜻합니다.

② バナナは甘くて、レモンはすっぱいです。

바나나는 달고, 레몬은 십니다.

③ 三城さんの顔は丸くて、加藤さんの顔は四角です。

미시로 씨 얼굴은 둥글고, 가토씨 얼굴은 네모집니다.

④ 私の部屋は広くて、妹の部屋は狭いです。

내 방은 넓고, 여동생 방은 좁습니다.

⑤ マンションは高くて、アパートは安いです。

맨션은 비싸고, 아파트는 쌉니다.

참고

- 顔(かお) : 얼굴
- 丸(まる)い : 둥글다
- 四角(しかく) : 네모
- 広(ひろ)い : 넓다
- 狭(せま)い : 좁다
- 安(やす)い : 싸다

34. ~は ~で， ~は~

「で」는 형용동사 어미 「だ」가 바뀐 것이다. 두 가지 이상의 항태를 열거하여 앞뒤가 상반됨을 나타낸다.

① この町は静かで、きれいだ。

이 도시는 조용하고 깨끗하다.

② 荒井先生は英語も上手で、ドイシ語も上手です。

아라이 선생님은 영어도 능숙하고, 독일어도 능숙하다.

③ 大通りは安全で、裏通りは危険です。

큰 길은 안전하고, 뒷 골목은 위험합니다.

④ 加藤さんは健康で、小野さんは病弱です。

가토씨는 건강하고 오노 씨는 병약합니다.

⑤ 南の街は便利で、北の街は不便です。

남쪽 거리는 편리하고, 북쪽 거리는 불편합니다.

참고

- 上手(じょうず)だ : 능숙하다
- 大通(おおどおり)り : 큰 길
- 裏通(うらどお)り : 뒷 골목
- 健康(とんこう) : 건강
- 病弱(びょうじゃく) : 몸이 허약함
- 不便(ふべん)だ : 불편하다

35. ~てから

> 우리말의 「~하고 나서」의 뜻으로 앞의 동작이 일어난
> 후에 다른 동작이 행하여지는 것을 나타낸다.

① タバコを止_とめてから丈夫_{じょうぶ}になりました。

담배를 끊고 나서 몸이 튼튼해졌습니다.

② 私は充分_{じゅうぶん}お金_{かね}をためてから、所帯_{しょたい}を持_もちます。

나는 충분히 돈을 모으고 나서 가정을 가집니다.

③ 朝運動_{あさうんどう}をしてから、ツャワーを欲_あびます。

아침 운동을 한 후에 샤워를 합니다.

④ 村田_{むらた}さんは家_{うら}に帰_{かえ}ってから、何_{なに}をしますか。

무라타 씨는 집에 돌아가서 무엇을 합니까?

⑤ テープを聞_きいてから質問_{しつもん}に答_{こた}えてください。

테이프를 듣고 나서 질문에 답해 주십시오.

🔊참고🔊

- 丈夫(じょうぶ)だ : 튼튼하다
- 充分(じゅうぶん) : 충분히
- 所帯(しょたい)を持(も)つ : 가정을 가지다
- ツャワーを欲(あ)びる : 샤워를 하다
- テープ : 테이프
- 答(こた)える : 답하다

36. ~に行く

동사 연용형에 조사「に」가 접속하면 행위·동작의 목적을 나타낸다.「~하러가다」

① 洋服を買いにデパートへ行きました。

　양복을 사러 백화점에 갔습니다.

② 佐分利さんは韓国へ何をしに行くのですか。

　사부리 씨는 한국에 무엇을 하러 갑니까?

③ 子供たちは海へ泳ぎに行きました。

　아이들은 바다로 헤엄치러 갔습니다.

④ 外国人の労動者は仕事をしに行きました。

　외국인의 노동자는 일을 하러 갔습니다.

⑤ 午後4時に空港へ友達を迎えに行きます。

　오후 4시에 공항에 친구들 마중하러 갑니다.

참고

- 洋服(ようふく) : 양복
- 子供(こども) : 아이들
- 泳(およ) : 헤엄
- 労動者(ろうどうしゃ) : 노동자
- 空港(くうこう) : 공항
- 迎(むか)える : 맞이하다

37. ~に來る

> 동사 연용형에 접속되어 「~하러 오다」라는 뜻이 있다.
> 「に」뒤에 이어지는 말은 이동을 나타내는 「...く(가다), 、
> る(오다), る(돌아오다), る(들어가다)」등이 온다.

① 明日の午後是非うちへ遊びに来てください。

내일 오후 꼭 집에 놀러 오십시오.

② 日本へ日本語の勉強をしに来ました。

일본에 일본어 공부를 하러 왔습니다.

③ 南山にはおおぜいの人がヂョギソグをしに来ます。

남산에는 많은 사람이 조깅하러 옵니다.

④ 私は先生に謝りに来ました。

저는 선생님께 사과를 하러 왔습니다.

⑤ 鳩が公園に餌を食べに来ます。

비둘기가 공원에 먹이를 먹으러 옵니다.

참고

- 是非(ぜひ) : 반드시, 꼭
- ヂョギング : 조깅
- 謝(あやま)り : 사과
- 鳩(はと) : 비둘기
- 餌(えさ) : 먹이
- 食(た)べる : 걷다

38. ~とき(は)

> 동사의 연체형에 때를 나타내는 「とき」가 접속하면 습관성·일반성이 있을 때의 상황을 나타낸다.

① 朝飯を食べる<u>とき</u>、電話がかかってきました。

　아침식사를 먹을 때 전화가 걸려 왔습니다.

② 印度人は食事をする<u>とき</u>、右手を使います。

　인도인은 식사할 때 오른손을 사용합니다.

③ 電車に乗る<u>とき</u>は、人が降りてから乗ります。

　전차를 탈 때는 사람이 내린 후에 타십시오

④ 私は会社に行く<u>とき</u>、地下鉄で行きます。

　나는 회사에 갈 때 지하철에 갑니다.

⑤ 降りる<u>とき</u>、傘を忘れないでください。

　내릴 때 우산을 잊지 마십시오.

🚌 참고

- かかる : 걸리다
- 右手(みぎて) : 오른손
- 使(つか)う : 사용하다
- 地下鉄(ちかてつ) : 지하철
- 傘(かさ) : 우산
- 忘れ(わす)れる : 잊다

39. ~ないとき(は)

> 동사의 부정형에 「때」를 나타내는 「とき」가 접속하면
> 「~하지 않을 때」의 뜻이 된다.

① バスに乗(の)らないときは、いつも電車(でんしゃ)に乗ります。

버스를 타지 <u>않을 때</u>는 언제나 전차를 탑니다.

② 部屋(へや)に誰(だれ)もいないとき、電気(でんき)を消(け)してください。

방에 아무도 없을 때 전기를 끄세요.

③ 息子(むすこ)から手紙(てがみ)が来(こ)ないとき、とても不安(ふあん)になります。

자식으로부터 편지가 오지 <u>않을 때</u>, 매우 불안해 집니다.

④ 原稿(げんこう)を書(か)かないときは、テレビを見(み)ます。

원고를 쓰지 <u>않을 때</u>는 텔레비전을 봅니다.

⑤ 英語(えいご)で言葉(ことば)の通(つう)じないとき、とても苦労(くろう)します。

영어로 말이 통하지 <u>않을 때</u> 매우 고생 합니다.

참고

- 電気(でんき) : 전기
- 消(け)す : 끄다
- 手紙(てがみ) : 편지
- 不安(ふあん)だ : 불안하다
- 原稿(げんこう) : 원고
- 苦労(くろう) : 고생

40. ~たり, ~たりする

「~하기도 하고, ~하기도 하다」의 뜻으로 동작·작용을 열거하여 대비되는 표현이 반복됨을 나타내기도 한다.

① ドルが毎日上がったり下がったりします。

　　달러가 매일 오르내립니다.

② あちこち行ったり来たりして、とても忙しかった。

　　여기저기 왔다갔다해서 매우 바빴다.

③ 寺本さんは立ったり座ったりして、落ち着きません。

　　데라모토 씨를 섰다 앉았다 하며 안절부절 못합니다.

④ 朝ご飯は食べたり食べなかったりします。

　　아침밥은 먹거나 먹지않거나 합니다.

⑤ 昨日は雨が降ったり止んだりして、変な天気だった。

　　어제는 비가 내렸다가 그쳤다가 해서 이상한 날씨였다.

참고

- 上(あ)がる : 오르다
- 下(さ)がる : 내리다
- 立(た)つ : 일어서다
- 座(すわ)る : 앉다
- 落(お)ち着(つ)く : 차분해 지다
- 変(へん)だ : 이상하다

41. ~すぎる

동사 연용형에 접미어 「~すぎる」가 접속되면 「정도를 넘다」 「도가 지나치다」라는 뜻이 된다.

① 私はいつも酒を飲みすぎます。

　　나는 언제나 술을 지나치게 마십니다.

② 社長はタバコを吸いすぎますね。

　　사장님은 담배를 너무 많이 피우는데요.

③ 谷口さんはあまり考えすぎまして、頭が変になりました。

　　다니구치 씨는 너무 생각을 많이 해서 머리가 이상해졌습니다.

④ 藤本さんは勉強をしすぎますよ。

　　후지모또 씨는 공부를 너무 많이 하는군요.

⑤ お昼にご飯をちょっと食べ過ぎました。

　　점심에 밥을 너무 많이 먹었습니다.

참고

- 酒(さけ) : 술
- 頭(あたま) : 머리
- 勉強(べんきょう) : 공부
- 昼(ひる) : 점심
- ご飯(はん) : 밥
- 食(た)べる : 먹다

42. ~すぎる

형용사의 어미 「い」를 생략한 즉, 어간에 「~すぎる」
를 접속시키면 「정도가 넘다」「도가 지나치다」로 뜻이
되고, 1단 동사가 된다.

① 昨夜は暑すぎて、よく眼れなかった。

   어젯밤은 너무 더워서 충분히 잘 수 없었다.

② 森さんのアパートはちょっと古すぎます。

   모리 씨 아파트는 너무 오래 됐습니다.

③ 人の多すぎる街は衛生に悪いてす。

   사람들이 너무 많은 거리는 위생에 나쁩니다.

④ 井上さんの部屋はきたなすぎます。

   이노우에 씨 방은 너무 지저분합니다.

⑤ 和服のそでが長すぎますね。

   일본 옷 소매가 너무 길군요.

참고

- 昨夜(さくや) : 어제밤
- 眼(ねむ)れる : 잠들다, 자다
- 古(ふる)い : 오래되다
- 衛生(えいせい) : 위생
- きたない : 더럽다
- そで : 소매

43. ~すぎる

형용동사 어미 「だ」가 생략된 즉 형용동사 어간에 접속한다. 뜻은 상태가 「정도를 넘다」「도가 지나치다」가 된다.

① 市場は人が多くて賑やかすぎます。

　시장은 사람이 많아서 너무 복잡합니다.

② 今度の試験問題は簡単すぎます。

　이번 시험문제는 너무 간단합니다.

③ 塚本さんは授業中ふまじめすぎます。

　스카모토 씨는 수업중 너무 불성실합니다.

④ 63ビルはりっぱすぎますね。

　63빌딩은 너무 훌륭하군요.

⑤ 藤本さんの服は派手すぎますね。

　후지모토 씨 옷은 너무 화려합니다.

참고

- 市場(いちば) : 시장
- 賑(にぎ)やかだ : 복잡하다
- 簡単だ(かんたん) : 간단하다
- 授業中(じゅぎょうちゅう) : 수업중
- ふまじめだ : 불성실하다
- 派手(はで)だ : 화려하다

44. ~かもしれない

동사에 접속하여 「~할지도 모른다」의 뜻이다. 즉 불확실한 추측을 나타낸다.

① 行事は先週で終わったかもしれません。
　ぎょうじ せんしゅう お

　행사는 지난주에 끝났는지도 모릅니다.

② 食堂は今混んでいるかもしれません。
　しょくどう いま こ

　식당은 지금 붐빌지도 모릅니다.

③ 来月田舎に引っ越しするかもしれません。
　らいげつ いなか ひ こ

　내달 시골로 이사할지도 모릅니다.

④ あした家事で会社へ行かないかもしれません。
　かじ かいしゃ

　내일 집안일로 회사에 가지 않을지도 모릅니다.

⑤ 寒気がします。風邪をひいたかもしれません。
　さむけ かぜ

　오한이 납니다. 감기에 걸렸는지도 모릅니다.

참고

- 先週(せんしゅう) : 지난주
- 混(こ)む : 붐비다
- 田舎(いなか) : 시골
- 引(ひ)っ越(こ)しする : 이사하다
- 寒気(さむけ) : 오한
- 風邪(かぜ)をひく : 소감기가 들다

45. ~ないでください

接続助詞「で」는 조동사「ない」와「ください」를 연결하고「~하지 마세요」라는 뜻이다.「~なくてください」라는 일본어는 없다

① 私の部屋に入らないでください。

　내 방은 들어가지 마십시오.

② ノートは鉛筆で書かないでください。

　노트는 연필로 적지 마세요.

③ 事務室ではタバコを吸わないください。

　사무실에서는 담배를 피우지 마십시오.

④ 暑いから、窓を閉めないください。

　더우니까 창문을 닫지 마세요.

⑤ 机に腰かけないでください。

　책상에 앉지 마세요.

🚌참 고🚌

- 入(はい)る : 들어가다
- 鉛筆(えんぴつ) : 연필
- タバコ : 담배
- 閉(し)める : 닫다
- 机(つくえ) : 책상
- 腰(こし)かける : 걸터앉다

46. ~こと

형식명사이다. 문말에 와서 주의·명령·지시·금지를 나타낸다. 「～しなさい」의 뜻을 나타내는 말로 문장어적으로 쓰인다.

① 試験のある日は朝入浴すること。

　 시험이 있는 날은 아침에 목욕할 것

② 韓方薬は食後1時間以内に服用すること。

　 한방약은 식후 1시간 이내에 복용할 것

③ 芝生の中に入らないこと。

　 잔디에 들어가지 말 것

④ 図書館の本は一週間以内に返すこと。

　 도서관 책은 일주일 이내에 반환할 것

⑤ 展示品に触らないこと。

　 전시품에 손대지 말 것

참고

- 入浴(にゅうよく) : 목욕
- 以内(いない) : 이내
- 服用(ふくよう) : 복용
- 芝生(しばふ) : 잔디
- 返(かえ)す : 반환하다
- 触(さわ)る : 손대다

47. ~ていく

접속조사 「て」가 「いく」와 연결되면 점차로 어떤 상태로 되어가는 것을 나타낸다. 보조동사로 쓰일 때는 「...く」라고 한자로 표기해서는 절대로 안된다.

① 暖かくなると、山の雪も解けていきます。

　따뜻해지니까 산의 눈도 녹아갑니다.

② 田内さんの病気はだんだん重くなっていきます。

　다우치 씨 병은 점점 무거워집니다.

③ 桜の花が静か散っていきます。

　벚꽃이 조용히 져 갑니다.

④ 世界の情勢はどんどん変化していきます。

　세계의 정세는 점점 변화해 갑니다.

⑤ 物価がどんどん値上がりしていきます。

　물가가 점점 올라갑니다.

🍱참고

- 山(やま) : 산
- 雪(ゆき) : 눈
- 世界(せかい) : 세계
- 情勢(じょうせい) : 정세
- 変化(へんか) : 변화
- 物価(ぶつか) : 물가

48. ~てくる

> 접속조사 「て」가 「くる」와 연결되면 「~어 오다, ~해지다」의 뜻이 된다. 어떤 상태로 변화되어 오는 과정을 나타낸다. 보조 동사로 쓸 때는 「来る」라고 한자로 표기해서는 안 된다.

① ダイエットして、体重がだんだん減ってきました。

　다이어트해서 체중이 점점 줄었습니다.

② 高橋さんはだんだん太ってきました。

　다카하시 씨는 점점 살이 쪘습니다.

③ ベランダの洗濯物が乾いてきました。

　베란다의 세탁물이 말라졌습니다.

④ この町は年々にぎやかになってきました。

　이 도시는 해마다 변화해갔습니다.

⑤ 外国の生活に少しずつ慣れてきました。

　외국 생활에 조금씩 익숙해졌습니다.

참 고

- 体重(たいじゅう) : 체중
- 減(へ)る : 줄다
- 乾(かわ)く : 마르다, 건조하다
- 年々(ねんねん)に : 해마다
- にぎやかだ : 번화하다
- 慣(な)れる : 익숙해지다

49. ~で~

「명사＋で＋명사」의 형태는 앞의 것을 뒤의 것이 보조
설명하거나 조건 등을 붙이거나 하는 명사구를 만든
다. 이 때의 「で」는 「~이면서」로 해석한다.

① 田舎^{いなか}でいちばん住^すみやすいところ。

시골이면서 가장 살기 편한 곳

② 女性^{じょせい}でダバコを吸^すう人^{ひと}。

여성이면서 담배를 피우는 사람

③ 相撲取^{すもうど}りで大学^{だいがく}を卒業^{そつぎょう}した人^{ひと}。

씨름 선수이면서 대학을 졸업한 사람

④ 学生^{がくせい}で英語^{えいご}が上手^{じょうず}な人^{ひと}。

학생이면서 영어가 능숙한 사람

⑤ 小^{ちい}さい国^{くに}で強力^{きょうりょく}な軍事力^{ぐんじりょく}を持^もつ国^{くに}。

작은 나라이면서 강력한 군사력을 가진 나라

참고

- 住(す)む : 살다
- 女性(じょせい) : 여성
- 卒業(そつぎょう) : 졸업
- 上手(じょうず)だ : 능숙하다
- 強力(きょうりょく) : 강력
- 軍事力(ぐんじりょく) : 군사력

50. ~まで~ないでください

> 「まで」는 장소나 때를 나타내는 말에 붙어 어떤 동작이나 작용범위의 끝을 나타낸다.

① 会議が終わるまで席を立たないでください。

회의가 끝날 때까지 자리에서 일어서지 마십시오.

② 最期まで私と別れないでください。

최후까지 나와 헤어지지 마세요.

③ 足が治るまで歩かないでください。

다리가 나을 때까지 걷지 마십시오.

④ 成功するまで諦めないでください。

성공할 때까지 단념하지 마십시오.

⑤ 春になるまで海外旅行をしないでください。

봄이 될 때까지 해외여행을 하지 마십시오.

☆참고☆

- 会議(かいぎ) : 회의
- 席(せき)を立(た)つ : 자리에서 일어서다
- 最期(さいご) : 최후
- 成功(せいこう)する : 성공하다
- 諦(あきら)める : 단념하다
- 海外旅行(かいがいりょこう) : 해외여행

51. ~つもりだ

「~할 생각이다, ~ 예정이다. ~ 작정이다」의 뜻으로
앞으로의 일에 대해서 결정된 것은 아니지만, 어떻게
생각하고 있음을 나타낸다.

① 9月に日本旅行に行くつもりです。

　9월에 일본여행을 갈 생각입니다.

② 私はさ来月、引っ越すつもりです。

　나는 내후달 이사할 예정입니다.

③ 私は将来外国人と結婚するつもりです。

　나는 장래 외국인과 결혼할 생각입니다.

④ 私は今日残業するつもりです。

　나는 오늘 잔업할 예정입니다.

⑤ 私は七月から塾に通すつもりです。

　나는 7월부터 학원에 다닐 예정입니다.

참고

- 旅行(りょこう) : 여행
- 引(ひ)っ越(こ)す : 이사하다
- 結婚(けっこん)する : 결혼하다
- 残業(ざんぎょう) : 잔업
- 塾(じゅく) : 학원
- 通(かよ)う : 다니다

52. ~ないつもりだ

「~하지 않을 생각이다, ~하지 않을 예정이다」 의지·의향의 부정적인 표현이 된다.

① 健康のためにもう酒は飲まないつもりです。

건강을 위해서 이제 술을 마시지 않을 생각입니다.

② 病気が治るまでタバコは吸わないつもりです。

병이 나을 때까지 담배는 피우지 않을 생각입니다.

③ 私は35歳になるまで結婚しないもりです。

나는 35세가 될 때까지 결혼하지 않을 생각입니다.

④ 私は三年間帰国しないつもりです。

저는 3년간 귀국하지 않을 생각입니다.

⑤ お金だけは借りないつもりです。

돈만을 빌리지 않을 생각입니다.

참고

- 健康(けんこう) : 건강
- 病気(びょうき) : 병
- 結婚(けっこん) : 결혼
- 帰国(きこく) : 귀국
- 金(かね) : 돈
- 借(か)りる : 빌리다

53. それは ~からだ

「그건 ~때문이다」의 뜻이 된다. 원인·이유의 설명을 나타낸다.

① 韓国人はよく働くんだ。それは仕事熱心だからだ。

한국인은 일은 잘 한다. 그것은 일을 열심히 하기 때문이다.

② 今朝は寒かった。それは昨夜から雪が降っていたからだ。

오늘 아침은 추웠다. 그것은 어젯밤부터 눈이 내렸기 때문이다.

③ 李さんは病気になった。それは酒を飲みすぎたからだ。

이 씨는 병이 들었다. 그것은 술을 너무 마셨기 때문이다.

④ 今日は早引きした。それは歯が痛かったからだ。

오늘은 조퇴했다. 그것은 이가 아팠기 때문이다.

⑤ 地方に人が増えてきた。それは都会の空気がきたないからだ。

지방에 사람이 늘어섰다. 그것은 도시 공기가 더럽기 때문이다.

참고

- 働(はたら)く : 일하다
- 熱心(ねっしん) : 열심
- 病気(びょうき) : 병
- 早引(はやび) : 조퇴
- 痛(いた)い : 아프다
- きたない : 더럽다

54. ~てしまう

> 「~해 버리다」의 뜻이 된다. 어떤 행위 · 동작의 완료를 나타낸다. 회화체에서는 「~ちゃう」로 줄여서 말하기도 한다.

① 彼は恋人の写真を破ってしまいました。

그는 애인 사진을 찢어 버렸습니다.

② 彼女はすっかりフランス語をマスターしてしまった。

그녀는 완전히 불란스어를 마스터해 버렸다.

③ いつのまにか中耳炎が治ってしまいました。

어느새 중이염이 나아버렸습니다.

④ 午前中に宿題をしてしまいます。

오전중에 숙제를 해버리겠습니다.

⑤ 松本さんは長い髪を切ってしまいました。

마쓰모토 씨는 긴 머리를 잘라 버렸습니다.

☞참고☜

- 写真(しゃしん) : 사진
- 破(やぶ)る : 찢다
- すっかり : 완전히
- いつのまにか : 어느새
- 午前中(ごぜんちゅう) : 오전중
- 切(き)る : 자르다

55. (よ)うと思っている

> 「～と っている」를 접속하면 「～하려고 생각하다」의 뜻이 된다. 말하는 사람의 의지·의향을 말하거나 상대에게 묻거나 할 때 쓰인다.

① 面白い日本語の原稿を書こうと思っています。

   재미있는 일본어의 원고를 <u>쓰려고 합니다</u>.

② 年に1回は帰国しようと思っています。

   1년에 한 번은 귀국하려고 생각하고 있습니다.

③ これはい参考書だから私も1冊買おうと思っている。

   이것은 좋은 참고서니까 나도 1권 사려고 생각하고 있다.

④ 来月からコンピューターを習おうと思っています。

   내달부터 컴퓨터를 배우려고 합니다.

⑤ 健康のために、毎日散歩しようと思っています。

   건강을 위해서 매일 산책하려고 생각하고 있습니다.

🚌참고🚌

- 面白(おもしろ)い : 재미있다
- 帰国(きこく) : 귀국
- 参考書(さんこうしょ) : 참고서
- 習(なら)う : 배우다
- 毎日(まいにち) : 매일
- 散歩(さんぽ) : 산책

56. ~でしょう

> 단정사의 조동사 기본형 「だ」 공손어 「です」의 추측형 「~でしょう」는
> 「~이겠지요」라는 추측을 나타낸다. 또 상대방에게 확인하거나, 자기
> 가 말한 것에 대해 상대방의 동의를 구할 때도 사용한다.

① 今日の大雨は全国的でしょう。

　오늘 홍수는 전국적이겠지요.

② 八時過ぎですから、会社には誰もいないでしょう。

　8시가 지났으니까, 회사에는 아무도 없겠지요?

③ 本場の韓国キムチはもっと辛いでしょう。

　본고장 한국 김치는 더 맵겠지요.

④ 今日叔父もたぶん来るでしょう。

　오늘 숙부도 아마 오겠지요

⑤ 武田さんはきっといい教授になるでしょう。

　다케다 씨는 틀림없이 훌륭한 교사가 될 것입니다.

참고

- 大雨(おおあめ) : 큰 비, 홍수
- 本場(ほんば) : 본고장
- 辛(から)い : 맵다
- 叔父(おじ) : 숙부
- たぶん : 아마
- きっと : 틀림없디

57. ～のは、～ことだ

「～한 것은, ～것이다」의 뜻이다. 영탄·감동·강조를 나타낸다.

① むし暑いのは、大変なことです。

무더운 것은 힘든 일입니다.

② 愛するのは、素晴らしいことです。

사랑하는 것은 멋진 일입니다.

③ 治安が悪いのは、国の恥ということです。

치안이 나쁜 것은 나라의 수치라고 하는 것입니다.

④ なんでも柔かいのは、食べやすいことです。

무엇이나 부드러운 것은 먹기 쉬운 것입니다.

⑤ 仕事が楽しいのは、よいことです。

일이 즐거운 것은 좋은 일입니다.

⚌참 고⚌

- 愛(あい)する : 사랑하다
- 素晴(すば)らしい : 멋지다
- 国(くに)の恥(はじ) : 나라의 수치
- 柔(やわら)かい : 부드럽다
- 仕事(しごと) : 일, 작업
- 楽(たの)しい : 즐겁다

58. ~なのは，ことだ

「~인 것은，~것(일)이다」의 뜻으로 영탄·감동·강조를 나타낸다.

① 彼の結婚相手が中国人なのは、不思議なことだ。
かれ けっこんあいて ちゅうごくじん ふしぎ

　그의 결혼상대가 중국인인 것은 이상한 일이다.

② バチカンが一つの独立国なのは、面白いことです。
どくりつこく おもしろ

　바티칸이 하나의 독립국인 것은 재미있는 일이군요.

③ 大原さんが科学者なのは、あたりまえなことです。
おおはら かがくしゃ

　오하라씨가 과학자인 것은 당연한 일입니다.

④ サラリーマンの税金が高額なのは、不公平なことだ。
ぜいきん こうがく ふこうへい

　샐러리맨의 세금이 고액인 것은 불공평한 일이다.

⑤ 失業して毎日日曜日なのは、つらいことでしょうね。
しつぎょう まいにち にちようび

　실직해서 매일 일요일인 것은 괴로운 일이겠지요.

참고

- 不思議(ふしぎ)だ : 이상한 일
- あたりまえ : 당연
- 税金(ぜいきん) : 세금
- 高額(こうがく) : 고액
- 失業(しつぎょう) : 실업
- つらい : 괴롭다

59. ~てみせる

「~해 보이다」라는 뜻이다. 상대가 잘 알 수 있도록 모범을 제시하는 것을 나타낸다. 이 때는 「, せ る」라고 한자로 표기해서는 안된다.

① 彼は彼女に「よし、死んでみせる「と言った。

그는 그녀에게 「좋아 죽어 보이겠다」라고 말했다.

② 菊池さんはみんなに南方の踊りを踊ってみせました。

가쿠치 씨는 모두에게 남방 춤을 춤춰 보였습니다.

③ 猿にいろいろな芸をやってみせます。

원숭이에게 여러 가지 재주를 해보였습니다.

④ 主人はナイフで固い木をけずってみせました。

주인은 칼로 단단한 나무를 깎아 보였습니다.

⑤ 母は娘に中華料理を作ってみせました。

어머니는 딸에게 중화요리를 만들어 보였습니다.

참고

- 踊(おど)る : 춤추다
- 主人(しゅじん) : 주인
- 固(かた)い : 단단하다
- けずる : 깎다
- 娘(むすめ) : 딸
- 述(つく)る : 만들다

60. ~てくれ・ください

「~해 주게, 해주세요」의 뜻으로 의뢰·요구·명령·지시 등을 나타낸다.

① 今<ruby>いま</ruby>すぐ貸<ruby>か</ruby>した本<ruby>ほん</ruby>を返<ruby>かえ</ruby>してくれ。

지금 당장 빌려간 책을 돌려다오.

② 裏門<ruby>うらもん</ruby>から出<ruby>で</ruby>てください。

뒷문으로 나가 주십시오

③ あしたの朝<ruby>あさ</ruby>早くここに来<ruby>き</ruby>てください。

내일 아침 일찍 여기에 와 주십시오.

④ もう一度<ruby>いちどくわ</ruby>詳しく説明<ruby>せつめい</ruby>してくれ。

다시 한번 자세히 설명해 주게.

⑤ もう一度ゆっくり話<ruby>はな</ruby>してください。

다시 한번 천천히 말해 주십시오.

참고

- 貸(か)す : 빌려주다
- 裏門(うらもん) : 뒷문
- もう一度(いちど) : 다시 한번
- 詳(くわ)しい : 자세하다
- ゆっくり : 천천히
- 話(はな)す : 이야기하다

61. ~なさい

「なさい」는「なさる」의 명령형이다. 어린이에게나 손
아랫사람에게 사용한다. 손윗사람에게는 쓸 수 없다.

① もっとしっかり勉強(べんきょう)しなさい。

좀더 열심히 공부하세요.

② あしたからは早(はや)く来(き)なさい。

내일부터는 빨리 오세요.

③ もっと大(おお)きな声(こえ)で言(い)いなさい。

좀더 큰 소리로 말하세요.

④ まだ熱(ねつ)があるからもっと休(やす)みなさい。

아직 열이 있으니까 좀더 쉬거라.

⑤ 今(いま)ビールを持(も)ってくるから飲(の)みなさい。

지금 맥주를 가지고 올테니 마십시오.

참고

- しっかり : 열심히
- 早(はや)い : 이르다
- 大(おお)きな : 큰
- 休(やす)む : 쉬다
- ビール : 맥주
- 飲(の)む : 마시다

62. お～ください

「お+동사의 연용형+ください」이 형태는 상대방에 대한 권유나 의뢰를 정중한 말로 손윗사람에게 사용한다.

① よろしかったら、うちにお<ruby>泊<rt>と</rt></ruby>まりください。

괜찮으시다면, 집에 묵으십시오.

② <ruby>少々<rt>しょうしょう</rt></ruby>お<ruby>持<rt>ま</rt></ruby>ちください。

잠시 기다려 주십시오.

③ あしたは<ruby>午前<rt>ごぜん</rt></ruby><ruby>9時<rt>くじ</rt></ruby>にお<ruby>集<rt>あつ</rt></ruby>まりください。

내일은 오전 9시에 모여 주십시오.

④ これすら<ruby>仕事<rt>しごと</rt></ruby>をしないで、ゆっくりお<ruby>休<rt>やす</rt></ruby>みください。

이제부터 일을 하지 말고, 푹 쉬십시오

⑤ お<ruby>待<rt>ま</rt></ruby>せしました。どうぞ、<ruby>中<rt>なか</rt></ruby>にお<ruby>入<rt>はい</rt></ruby>りください。

기다리셨습니다. 자, 안으로 들어가십시오.

🚌참고

- 泊(とま)まる : 묵다
- 少々(しょうしょう) : 잠시
- 集(あつ)まる : 모이다
- 仕事(しごと) : 일, 작업
- ゆっくり : 푹
- 待(ま)たせる : 기다리게 하다

63. ~なのは，~ことだ

「~한 것은, ~것이다」의 뜻이다. 영탄·감동·강조를 나타낸다.

① まわりが静かなのは、住みやすいことです。

주위가 조용한 것은 살기 편한 일입니다.

② 交通が便利なのは、ありがたいこです。

교통이 편리한 것은 고마운 일입니다.

③ 息子が不真面目なのは、残念なことです。

아들이 불성실한 것은 유감스러운 일입니다.

④ 家族が健康なのは、一番うれしいことです。

가족이 전강한 것은 가장 기쁜 일입니다.

⑤ 部屋がきれいなのは、気持ちがいいことです。

방이 깨끗한 것은 기분이 좋은 것입니다.

참고

- まわり : 주위
- 交通(こうつう) : 교통
- 不真面目(ふまじめ) : 불성실
- 残念(ざんねん)だ : 유감이다
- 一番(いちばん) : 가장
- うれしい : 기쁘다

64. し

접속조사 「~하고」의 뜻이다. 동사의 기본형·과거형·부정형 등에 접속하여 동작·작용·상태를 겹쳐서 열거하여 병렬관계를 나타낸다.

① 坂本さんは頭もいいし、体も丈夫です。

사카모토 씨는 머리도 좋고, 몸도 튼튼합니다.

② 岡本さんは英語も話せるし、ドイツ語もできる。

오카모토 씨는 영어도 할 수 있고, 독일어도 할 수 있다.

③ お酒も飲んだし、お餅も食べました。

술도 마셨고, 떡도 먹었습니다.

④ 台風で飛行機も飛ばないし、汽車も止まりました。

태풍으로 비행기도 날지 않고, 기차도 멈췄습니다.

⑤ 鈴木さんの家は犬もいるし、猫も飼っています。

스즈키 씨 집은 개도 있고, 고양이도 기르고 있습니다.

참고

- 体(からだ) : 몸, 체격
- 丈夫(じょうぶ)だ : 튼튼하다
- 餅(もち) : 떡
- 止(と)まる : 멈추다
- 犬(いぬ) : 개
- 猫(ねこ) : 고양이

65. ~し, ~し

접속조사 「~하고 ~하고」의 뜻이다. 동작·작용·상태 등을 겹쳐서 열거하여 그 밖에도 비슷한 이유나 근거가 있음을 나타낸다.

① 上原さんはハンサムだし、歌も上手だし、ほんとうに素敵だ。

　우에하라 씨는 핸섬하고, 노래도 잘하고 정말 멋있다.

② 雨は降るし、電車は止まるし、今日は大変でした。

　비는 내리고, 전차는 멈추고, 오늘은 힘들었습니다.

③ ここは水道もないし、電灯もないし、不便です。

　이곳은 수도도 없고, 전동도 없고 불편합니다.

④ これはデザインもいいし、値段も安いし、けっこうです。

　이것은 디자인도 좋고, 값도 싸고 좋습니다.

⑤ 熱もあるし、咳もでるし、これはきっと風邪です。

　열도 있고, 기침도 나고 이것은 틀림없이 감기입니다.

⚞참고⚟

- 素敵(すてき)だ : 멋지다
- 雨(あめ)は降(ふ)る : 비가 내리다
- 電燈(でんとう) : 전등
- 値段(ねだん) : 가격
- 咳(せき) : 기침
- きっと : 틀림없이

66. ~のはずだ

「~일 것이다」의 뜻이다. 형식명사로 사실·예정 등으로 미루어 근거가 있는 추정판단을 나타낸다.

① あの人はたか米国人のはずです。

저 사람은 분명 미국인일 것입니다.

② 人の祖先は猿のはずです。

사람의 조상은 원숭이일 것입니다.

③ 木谷さんは今年大学卒業のはずです。

기타니 씨는 올해 대학졸업을 할 것입니다.

④ 貸したお金は五万円ではないです。十万円のはずです。

빌린 돈은 5만엔이 아닙니다. 10만엔일 것입니다.

⑤ デパートの定休日は月曜日のはずです。

백화점 정기휴일은 월요일일 것입니다.

참고

- 米国人(べいこくじん) : 미국인
- 祖先(そせん) : 조상
- 卒業(そつぎょう) : 졸업
- 今年(ことし) : 금년
- 定休日(ていきゅうび) : 정기휴일
- 月曜日(げつようび) : 월요일

67. ~か

부조사, 의문 나는 데는 접속하여 거기가 불확실하다
는 기분을 나타낸다.

① どの漢字の辞書がよい<u>か</u>教えてください。

　어느 한자 사전이 좋은<u>지</u> 가르쳐 주십시오.

② 卒業後、何をする<u>か</u>まだ決めていません。

　졸업후 무엇을 할<u>지</u> 아직 결정하지 않았습니다.

③ どこの大学を選ぶ<u>か</u>まだ決めていません。

　어느 대학을 선택할<u>지</u> 아직 결정하지 않았습니다.

④ 家内はこれを見てどんな顔をする<u>か</u>楽しみです。

　아내는 이것을 보고 어떤 얼굴을 할<u>지</u> 기대됩니다.

⑤ 部長は今休暇中なので、どこにいる<u>か</u>分かりません。

　부장님은 지금 휴가중이어서 어디에 있는<u>지</u> 모릅니다.

참고

- 辞書(じしょ)：사전
- 決(き)める：결정하다
- 家内(かない)：아내
- 顔(かお)：얼굴
- 楽(たし)しみ：즐거움
- 休暇中(いまきゅうかちゅう)：휴가중

68. ~かどうか

「~할지 어떨지, ~할지 안할지」의 뜻으로 의문을 나타내는 말을 받아 그것을 부정·불확실한 기분을 나타낸다.

① 課長がいるかどうか、一度行ってみましょう。

　과장님이 있을지 어떨지 한번 가 봅시다.

② 運動大会に行くかどうか、友達に電話してみます。

　운동대회에 갈지 안갈지 친구들에게 전화해 보겠습니다.

③ 明日は晴れるかどうか電話の天気予報で聞いてみます。

　내일은 맑을지 어떨지 전화 일기예보로 물어보겠습니다.

④ あす中国からバイアーが来るかどうかまだ分からない。

　내일 중국에서 바이어가 올지 안올지 아직 모른다.

⑤ 行けるかどうか、あとで電話でお知らせしましょう。

　갈 수 있을지 어떨지 나중에 전화로 알려드리겠습니다.

참고

- 一度(いちど) : 한번
- 運動大会(うんどうたいかい) : 운동대회
- 晴(は)れる : 개이다
- 天気(てんき) : 날씨
- 予報(よほう) : 예보
- 中国(ちゅうごく) : 중국

69. ~という

「~라고 한다」의 뜻이다. 조사「と」는「いう」「말하다」등의
바로 앞에 와서 그 내용을 나타낸다.

① この<ruby>花<rt>はな</rt></ruby>は<ruby>何<rt>なん</rt></ruby>という花ですか。

　이 꽃은 무슨 꽃입니까?

② NHKというのは何の<ruby>略語<rt>りゃくご</rt></ruby>ですか。

　NHK라고 하는 것은 무슨 약어입니까?

③ NHKは<ruby>日本放送協会<rt>ほうそうきょうかい</rt></ruby>の<ruby>略語<rt>りゃくご</rt></ruby>です。

　NHK는 일본방송협회의 약어입니다.

④ <ruby>奈良<rt>なら</rt></ruby>というところに<ruby>一度<rt>いちど</rt></ruby>行ってみたいです。

　나라라는 곳에 한번 가보고 싶습니다.

⑤ <ruby>氷点<rt>ひょうてん</rt></ruby>という<ruby>小説<rt>しょうせつ</rt></ruby>は<ruby>三浦綾子<rt>みうらあやこ</rt></ruby>が<ruby>書<rt>か</rt></ruby>きました。

　빙점이라는 소설은 미우라아야꼬가 썼습니다.

참고

- 花(はな) : 꽃
- 略語(りゃくご) : 약어
- 送協(ほうそう) : 방송
- 協会(きょうかい) : 협회
- 氷点(ひょうてん) : 빙점
- 小説(しょうせつ) : 소설

70. ~でなくてはいけない(ならない)

「~하지 않으면 안된다」의 뜻이다. 동작 · 상태의 필연적인 의무를 나타낸다.

① アルバイトは大学生でなくてはいけない。

아르바이트는 대학생이 아니면 안된다.

② スチュワーデスは美人(びじん)でなくてはならない。

스튜어디스는 미인이 아니면 안된다.

③ 会員(かいいん)は日本人でなければいけません。(なりません)

회원은 일본인이 아니면 안됩니다.

④ 胃癌の手術(いがん しゅじゅつ)は, 腕(うで)のいい医者(いしゃ)でなくてはいけない。

위암 수술은 실력있는 의사가 아니면 안된다.

⑤ レポートは英語(えいご)でなくはいけません。

리포트는 영어가 아니면 안됩니다.

🚌참고🚌

- スチュワーデス : 스튜어디스
- 美人(びじん) : 미인
- 会員(かいいん) : 회원
- 手術(しゅじゅつ) : 수술
- 腕(うで)のいい : 실력이 있다
- 医者(いしゃ) : 의사

제5부
실전 일본어

제1장 **전화 일본어**

1. 전화 받을 때

A : もしもし。
(여보세요.)

B : もしもし。高木(たかぎ)さんのお宅(たく)ですか。
(여보세요. 다카기 씨댁입니까?)

A : はい、そうです。どなたですか。
(네. 그렇습니다. 누구신지요?)

B : 韓国(かんこく)から来(き)た李(イ)です。高木(たかぎ)さんをお願(ねが)いしたいのですが。
(한국에서 온 이입니다. 다카기 씨를 부탁하고 싶은데요.)

A : 只今代(ただいまか)わりますからお待(ま)ちください。
(지금 바꿔 드리겠으니 기다려 주십시오.)

C : ああ、李さん。高木(たかぎ)です。お電話(でんわ)をお待(ま)ちしておりました。
(아 이씨. 다카기입니다. 전화를 기다리고 있었습니다.)

B : こんにちは。今京都(いまきょうと)に着(つ)いたんですけど。
(안녕하세요. 지금 교토에 도착했는데요.)

C : おお、そうですか。すぐ行(い)きますので、しばらくお待(ま)ちください。
(아, 그렇습니까? 곧 갈 테니까 잠시 기다려 주십시오.)

참고

※ お宅(たく) : 댁   ※ お願(ねが)い : 부탁

※ お待(ま)ちする : 기다리다

※ ~ております=ています : ~하고 있습니다

2. 직장에서 전화 받을 때

A: こんにちは。大成貿易でございます。
(안녕하세요. 대성무역 입니다.)

B: こちらは大阪電子の中村ですが、総務部の朴さんをお願いします。
(여기는 오사까전자 나카무라인데요. 총무부의 박 씨를 부탁합니다.)

A: 総務部の朴なら、二人おりますが。
(총무부 박씨라면 두 사람 있습니다만.)

B: 会計課の朴さんです。
(회계과의 박씨입니다.)

A: 会計課の朴さんですね。少々待ちください。
(박씨지요. 잠시 기다려 주십시오.)

B: ありがとうございます。
(감사합니다.)

A: お待たせしました。朴でございます。
(기다리셨습니다. 박입니다.)

B: 朴さん、中村です。お久しぶりですね。
(박씨, 나카무라입니다. 오래간만입니다.)

참고

※ こちら : 이쪽, 여기　　　　　※ おつなぎ : 연결
※ …ですね : 군요. ね는 상대방에게 동의를 구하거나 다짐하는 데 쓰임.
※ お待(ま)たせしました : 기다리게 했습니다. 즉 기다리셨습니다.

3. 전화를 걸 때

A : はい、販売部でございます。
(네, 판매부입니다.)

B : 部長の小野さんいらっしゃいますか。
(오노 부장님 계십니까?)

A : あいにくですが、ただ今他の電話に出ております。 お待ちいただけますか。
(공교롭게도 지금 다른 전화를 받고 있습니다. 기다리시겠습니까?)

B : 長くかかりますか。
(오래 걸립니까?)

A : ええ、長くなると思いますが。
(네, 오래 걸릴 것 같은데요.)

B : あ、そうですか。
(아, 그렇습니까?)

A : なんか急なご用ですか。
(무슨 급한 볼일이십니까?)

B : いいえ、じゃ、後でまたかけ直します。
(아니오, 그럼 나중에 다시 걸겠습니다.)

참고

※ いらっしゃる: 오다, 가다, 있다의 존경말

※ あいにく: 공교롭게도, 운 나쁘게도

※ 長(なが)くなる: 시간적으로 오래 걸리다

※ ご用(よう): 용건, 볼일

※ かけ直(なお)す: 다시 걸다

4.상대방의 말을 알아듣지 못했을 때

A : 電話番号をもう一度ゆっくりおっしゃってください。
(전화 번호를 다시 한 번 천천히 말씀해 주십시오.)

B : ああ、ごめんなさい。私はいつも早口になってしまうんです。
(아, 미안합니다. 저는 늘 말이 빨라집니다.)

A : すみません。私の日本語はまだ下手なんです。
(죄송합니다. 저의 일본어는 아직 서툽니다.)

B : わかりました。もう一度言いましょう。
(알았습니다. 다시 한 번 말하겠습니다.)

A : 私、どういう意味かよくわかりませんでした。
(저는 무슨 뜻인지 잘 몰랐습니다.)

B : あ、そうでしたか。
(아 그랬습니까?)

A : もう一度ゆっくりおっしゃってくれますか。
(다시 한 번 천천히 말씀해 주시겠습니까?)

B : はい、そうしましょう。
(네, 그렇게 하지요.)

참고

※ ~ていただく : ~てもらう(하여 받다)의 겸사말

※ くりかえす : 반복하다

※ もう : 다시

※ 早口(はやくち): 말이 빠름

※ 下手(へた): 서투름

5. 연결할 때

A: はい、大野書店でございます。
(네, 오—노 서점입니다.)

B: もしもし、和英辞典の値段を教えてください。
(여보세요, 일영사전 값을 가르쳐주십시오.)

A: そのままお待ちください。辞書部におつなぎいたします。
(그대로 기다려 주십시요, 사서부에 연결하겠습니다.)

B: はい、お願いいたします。
(네, 부탁합니다.)

C: はい、辞書部でございます。
(네, 사서부입니다.)

B: 和英辞典の値段はいくらですか。
(일영사전 값은 얼마입니까?)

C: 3000円でございます。
(3000엔입니다.)

B: ありがとうございます。
(감사합니다. 소설부로 돌려 주시겠습니까?)

참고

※ お待(ま)ちください : 기다려 주세요
※ 教(おし)えてください : 가르쳐주세요
※ いくら : 얼마
※ おつなぎします : 연결하겠습니다

6. 기다려 달라고 할 때

A : はい、国際部でございます。

(네, 국제부입니다.)

B : 課長の井上さんをお願いしたいのですが。

(이노우에 과장님을 부탁하고 싶은데요.)

A : そのまま少々お待ちください。

(그대로 잠시 기다려 주십시오.)

課長が電話に出られるか、様子を見て参ります。

(과장님이 전화를 받을 수 있는지 알아보고 오겠습니다.)

B : お願いします。

(부탁하겠습니다.)

A : お待たせしました。 あいにく井上はただいま他の電話に出ております。

(기다리셨습니다. 공교롭게도 이노우에 과장님은 지금 다른 전화를 받고 있습니다.)

B : それでは待つことにします。

(그러면 기다리겠습니다.)

A : あ、そうですか。通話が終り次第おつなぎします。

(아, 그렇습니까. 통화가 끝나는 대로 이어 드리겠습니다.)

참고

※ 少々(しょうしょう): 잠시

※ 様子(ようす): 상태, 형편

※ あいにく: 공교롭게도

※ 終(おわ)り次第(しだい): 끝나는 대로

7. 기다리게 했을 때

B : はい、こちらは朝日新聞でございます。
　　(네, 여기는 아사히 신문입니다.)

A : 総務部をお願いします。
　　(총무부를 부탁합니다.)

C : はい、総務部でございます。
　　(네, 총무부입니다.)

A : 総務部長とお話をしたいのですが。
　　(총무부장과 얘기 하고 싶은데요.)

C : わかりました。どちら様でしょうか。
　　(알았습니다. 어느 분이십니까?)

A : 私はそちらの新聞購読者の一人です。
　　(저는 그쪽 신문 구독자의 한 사람입니다.)

C : しばらくそのままお待ちください。
　　(잠시만 그대로 기다려 주십시오.)

C : 長い間お待たせして申し訳ございません。今総務部長と代わります。
　　(오랫동안 기다리시게 해서 죄송합니다. 지금 총무부장님과
　　바꾸겠습니다.)

참고

※ 朝日新聞(あさひしんぶん) : 아사히 신문
※ 総務部長(そうむぶちょう) : 총무부장
※ お待(ま)たせしました : 기다리시게 했습니다
※ 代(か)わる : 바꾸다

8. 부재 이유를 말할 때

B : はい、輸入課でございます。
(네, 수입과입니다.)

A : 田中さんをお願いします。
(다나카 씨를 부탁합니다.)

B : すみませんが、田中は今週は休暇中なのですが。
(미안합니다만 다나카 씨는 금주에는 휴가 중인데요.)

A : ああ、そうですか。いつ戻られますか。
(아, 그렇습니까. 언제 돌아오십니까?)

B : 来週の火曜日に戻って来ます。
(내주 화요일에 돌아옵니다.)

A : じゃ、火曜日にまたお電話します。
(그럼 화요일에 또 전화하겠습니다.)

A : 田中さんは休暇から戻られましたでしょうか。
(다나카 씨는 휴가로부터 돌아오셨습니까?)

B : 戻りましたが、あいにく席を外しております。
(돌아왔지만, 공교롭게도 자리를 비우고 있습니다.)

A : じゃ、後でまたお電話します。
(그럼 나중에 또 전화하겠습니다.)

참고

※ 休暇中(きゅうちゅう) : 휴가중
※ 戻(もど)る : 돌아오다
※ あいにく : 공교롭게
※ 席(せき)を外(はず)す : 자리를 비우다

9. 전언을 받을 때

B : はい、販売部でございます。
(네, 판매부입니다.)

A : こちらは五星貿易の李と申しますが、小野さんいらっしゃいますか。
(저는 오성무역의 이라고 하는데요, 오노 씨 계십니까?)

B : すみませんが、小野は今会議中です。何かご伝言がございますか。
(죄송합니다만, 오노 씨는 지금 회의 중입니다.
전하실 말씀이라도 있으십니까?)

A : はい、ご伝言をお願いします。李から電話があったとお伝えください。
(네, 전언을 부탁합니다. 이 한테서 전화가 왔었다고 전해 주십시오.)

B : かしこまりました。お伝えします。
(알았습니다. 전하겠습니다.)

A : よろしくお願いします。
(잘 부탁합니다.)

🚌참고🚌

※ 販売部(はんばいぶ) : 판매부

※ 伝言(でんごん) : 전언, 전할 말씀

※ 電話(でんわ)があった : 전화가 왔었다

※ お伝(つた)えください : 전해 주십시오

10. 문의할 때

A : もしもし。ちょっと、お尋(たず)ねしたいのですが。

(여보세요. 잠깐 여쭙고 싶은데요.)

B : はい、どんなご用件(ようけん)でしょうか。

(네, 무슨 용건이죠?)

A : 室は、もうとっくに注文(ちゅうもん)した雑誌(ざっし)がまだ着(つ)いていないのですが。

(실은, 벌써 오래 전에 주문한 잡지가 아직 도착을 안했는데요.)

B : それでしたら、発送部(はっそうぶ)におつなぎしす。

(그렇다면 발송부로 돌려 드리겠습니다.)

A : どうもすみません。

(정말 고맙습니다.)

B : お電話(でんわ)をお回(まわ)ししますので、しばらくお待(ま)ちください。

(전화를 돌려 드릴테니 잠시 기다려 주십시오.)

C : 発送部(はっそうぶ)でございます。で、ご用件(ようけん)は。

(발송부입니다. 무슨 용건이십니까?)

A : 注文(ちゅうもん)した雑誌(ざっし)がまだ着(つ)いていないんです。

(주문한 잡지가 아직 오지 않았습니다.)

C : それはすみません。すぐ発送(はっそう)いたします。

(그것은 죄송합니다. 당장 발송하겠습니다.)

참고

※ お尋(たず)ねしたい : 여쭙고 싶다

※ とっくに : 훨씬 전에

※ まだ : 아직도

※ 用件(ようけん) : 용건, 볼일

제2장 비지니스 · 상담 일본어

1. 고객의 접수와 거래처 방문

① いらっしゃいませ。
　(어서 오십시오.)

② 失礼^{しつれい}ですが、どちら様^{さま}でしょうか。
　(실례입니다만 누구십니까?)

③ 少々^{しょうしょう}お待^まちください。
　　　　　　　　(잠깐만 기다려 주십시오.)

④ どうぞおかけください。
　(어서 앉으십시오.)

⑤ 部屋^{へや}までご案内^{あんない}いたします。
　(방까지 안내해 드리겠습니다.)

⑥ B社^{しゃ}の李と申^{もう}します。
　(B사라고 여쭙니다.)

⑦ 輸出部^{ゆしゅつぶ}の田中課長^{たなかかちょう}にお会^あいしたいのですが。
　(수출부의 다나카과장님을 만나뵙고 싶은데요.)

⑧ 5時^{ごじ}に約束^{やくそく}してあります。
　(다섯 시에 약속이 되어 있습니다.)

⑨ 担当^{たんとう}の方^{かた}をお会^あいできますでしょうか。
　(담당하는 분을 만날 수 있을까요?)

참고

※ どちらさま : 어느 분　　　　　※ 少々(しょうしょう) : 조금, 잠시

※ 案内(あんない)する : 안내하다　※ 輸出部(ゆしゅつぶ) : 수출부

※ 約束(やくそく) : 약속　　　　　※ 担当(たんとう)の方(かた) : 담당하시는 분

2. 거래처 손님의 마중과 안내

① A商事の李と申します。宮田さんに会うためにここに来ました。
(A상사의 이라고 합니다. 미야타 씨를 만나려고 이곳에 왔습니다.)

② お会いできて、うれしく思います。お待ちいたしておりました。
(만나 뵙게 되어 반갑습니다. 기다리고 있었습니다. 잘 오셨습니다.)

③ ご迷惑をかけましてすみません。
(폐를 끼쳐 죄송합니다.)

④ ごきげんよう。お気をつけて。
(안녕히 가십시오. 조심하세요.)

⑤ 来月またお目にかかります。
(다음달 또 뵙겠습니다.)

⑥ 何なりと申しつけてください。
(잘 말씀 전해 주십시오.)

⑦ ご滞在中できるだけの、便宜をはからせていただきます。
(체류중 가능한 한, 편의를 봐 드리겠습니다.)

⑧ 弊社は1972年に創立されました。
(저희 회사는 1972년에 창립 되었습니다.)

참고

※ うれしい : 기쁘다, 반갑다

※ 迷惑(めいわく)をかける : 폐를 끼치다

※ 気(き)をつける : 조심하다   ※ 来月(らいげつ) : 내달, 다음 달

※ 弊社(へいしゃ) : 저희 회사   ※ 創立(そうりつ) : 창립되다

3. 공장을 안내하다

① 李さん、これがわが社のビデオの生産工場です。
   (이선생, 이것이 저희 회사의 비디오 생산 공장입니다.)

② この工場では毎月1万台のビデオを出荷しています。
   (이 공장에서는 매월 일만대의 비디오를 출하하고 있습니다.)

③ 全国に15の工場があります。
   (전국에 15개 공장이 있습니다.)

④ 海外にも五つの工場があります。
   (해외에는 5개의 공장이 있습니다.)

⑤ 私どものショールームをご賢になりませんか。
   (저희들의 전시장을 보시지 않겠습니까?)

⑥ わが社の新製品をいくつかご賢になりませんか。
   (저희 회사의 신제품을 몇 가지 보여 드렸으면 하는데요.)

⑦ こちらがわが社の最新型のビデオカメラです。
   (이것이 저희 회사의 최신형 비디오 카메라입니다.)

🚌참고🚌

※ 工場(こうば・こうじょう): 공장　　※ 毎月(まいげつ): 매월

※ 出荷(しゅっか): 출하　　　　　　※ 海外(かいがい): 해외

※ 新製品(しんせいひん): 신제품　　※ 最新型(さいしんがた): 최신형

4. 상담(商談)

① 以前にも申し上げたように、わが社としては新たな取引を希望しています。
(이전에도 말씀드린 대로 저희 회사로서는 새로 거래를 희망하고 있습니다.)

② この件については十分話し合いましたので、次の件に進みましょう。
(이 건에 대해서는 충분히 이야기 했으므로 다음 건으로 넘어갑시다.)

③ では、すぐ次の用件について話し合いたいのですが。
(그럼, 곧 다음 용건에 대하여 말씀하고 싶은데요.)

④ それでは次の件に進みましょう。
(그러면, 다음 건으로 넘어갑시다.)

⑤ ところで、お願いしたいことがあるのですが。
(그런데, 부탁하고 싶은 일이 있는데요.)

⑥ 需要に関する情報をいただきたいのですが。
(수요에 관한 정보를 듣고 싶은데요.)

⑦ 資料を見せていただきたいのですが。
(자료를 보여 주셨으면 좋겠는데요.)

참고

※ 取引(とりひき): 거래
※ 用件(ようけん): 용건
※ 需要(じゅよう): 수요
※ 十分(じゅうぶん): 충분히
※ 進(すす)む: 진행하다
※ 資料(しりょう): 자료

5. 지불 방법을 설명하다.

① 外国製品の買い入れの際に問題になるのは円の為替レートです。
(외국 제품을 구매할 때 문제가 되는 것은 엔화의 환율입니다.

② 買い入れは円建てですから、以前より費用がかさむわけなんです。
(구매는 엔화 기준이므로 이전보다 비용이 많아지는 셈입니다.)

③ メーカーのほうから出荷を2~3か月ずらしてほしいと言ってきましたが。
(메이커쪽에서 출하를 2~3개월 늦춰주기 바란다고 말하고 있는데요.)

④ 出荷期限を延ばせるか検討してみましょう。
(출하 기한을 연기할 수 있는지 검토해 봅시다.)

⑤ 御社の条件をお聞かせください。
(귀사의 조건을 들려주십시오.)

⑥ いくつか申し上げたい点があります。
(몇 가지 말씀드리고 싶은 점이 있습니다.)

⑦ 価格を変更しないことです。
(가격을 변경하지 않는 것입니다.)

참고

※ 為替(かわせ)レート : 환률　　※ 円建(えんだ)て : 엔화기준
※ 出荷(しゅっか) : 출하　　※ 御社(おんしゃ) : 귀사
※ 価格(かかく) : 가격　　※ 変更(へんこう) : 변경하다

6. 상대방의 생각을 듣다

① そのことについてお尋ねしてもよろしいでしょうか。
(그 일에 대해서 여쭤봐도 될까요?)

② それについてはどうお考えですか。
(그것에 대해서는 어떻게 생각하십니까?)

③ 私どもの提案を受け入れていただけますでしょうか。
(저희들의 제안을 받아들여 주시겠지요?)

④ 結論を出す前にもう少し慎重に検討せねばなりません。
(결론을 내리기 전에 좀더 신중히 검토를 해야만 합니다.)

⑤ 実はまだ検討するまでには至っておりません。
(실은 아직 검토할 단계는 아닙니다.)

⑥ 残念ながら、これについては私では決定できません。
(유감스럽지만, 이것에 대해서는 저로서는 결정할 수 없습니다.)

⑦ 確認を取った上でもう一度お会いしましょう。
(확인을 얻은 후에 다시 한 번 만납시다.)

참고

※ 尋(たず)ねる: 질문하다
※ 受(う)け入(い)れる: 받아들이다
※ 慎重(しんちょう)だ: 심중하다
※ 検討(けんとう)する: 검토하다
※ 残念(ざんねん)だ: 유감이다
※ 決定(けってい)する: 결정하다

7. 거래를 거절하다

① 残念ながら、御社のご期待に沿うことはできません。
(유감스럽지만, 귀사의 기대에 부응할 수는 없습니다.)

② あいにくですが、出入り業者が決まっておりますので。
(공교롭게도 거래 업자가 정해져 있어서요.)

③ 値引きは無理だということでしたので、残念ながら別の業者

から 仕入れることにしました。
(가격 인하는 무리라고 하셨으므로 유감스럽지만, 다른 업자로부
터 구입하기로 했습니다.)

④ あいにくですが、既に他の業者と契約しておりますので。
(공교롭지만, 이미 다른 업자와 계약해 놓았는데요.)

⑤ 妥協点を見つける努力をしてみましょう。
(타협점을 찾는 노력을 해 봅시다.)

⑥ 一切の変更に応じないかも知れません。
(일체의 변경에 응하지 않을지도 모릅니다.)

참고

※ あいにくですが: 유감스럽게도, 공교롭게도

※ 期待(きたい)に沿(そ)う: 기대에 따르다

※ 仕入(しい)れる: 구매하다

※ 妥協点(だきょうてん): 타협점   ※ 一切(いっさい): 일체

※ 変更(へんこう): 변경   ※ 知(し)れません: 모릅니다

8. 상담(商談)의 성립

① 交渉が成果を収めたことを非常にうれしく思います。

(교섭이 성과를 거둔 것을 대단히 기쁘게 생각합니다.)

② お互いの取引を進めていくということで合意にこぎつけました。

(서로의 거래를 추진해 가는 것으로 합의하기에 이르렀습니다.)

③ 皆様のご協力とご辰力に感謝いたします。

(여러분의 협력과 도움에 감사드립니다.)

④ 契約書の起案については満足できる結論に達しましたね。

(계약서의 초안에 대해서는 만족할 수 있는 결론에 이르렀군요.)

⑤ 契約の草案を作るまでの合意に達しました。

(계약의 초안을 작성하는 데까지 합의했습니다.)

⑥ 内容についてお互いに合意に成功しました。

(내용에 대해 상호 합의에 성공했습니다.)

참고

※ 成果(せいか): 성과를 얻게 되다.　　※ 非常(ひじょう)に: 대단히

※ 合意(ごうい): 합의　　　　　　　　　※ 協力(きょうりょく): 협력

※ 達(たっ)する: 도달하다　　　　　　　※ 成功(せいこう)する: 성공하다

9. 지연에 대한 불평

① 今日の時点でもまだ品物を受け取っていません。
(오늘 현재까지도 아직 물품을 받지 못했습니다.)

② 期限より1か月遅れて手元に到着しました。
(기한보다 1개월 지연되어 이 곳에 도착했습니다.)

③ 遅れの理由をお聞かせていただきたいのです。
(지연된 이유를 말씀해 주셨으면 하는데요.)

④ 納品の遅れでとても困っています。
(납품의 지연으로 아주 난처합니다.)

⑤ このことについて顧客から苦情がきているのです。
(이 일에 대해서 고객으로부터 불평이 나오고 있습니다.)

⑥ わが社のこうむった損害を弁償していただきたいのです。
(저희 회사가 입는 손해를 변상해 주셨으면 합니다.)

⑦ どちらになさるか決めてください。
(어느 편으로 하시겠는지 결정해 주십시오.)

참고

※ 品物(しなもの) : 물건
※ 手元(てもと) : 이곳
※ 苦情(くじょう) : 불평
※ 損害(そんがい) : 손해
※ 弁償(べんしょう)する : 변상하다
※ 決(き)める : 결정하다

10. 사과하다

① 失敗について深くおわびします。

(실수에 대해 깊이 사과드립니다.)

② ご迷惑をかけて申しわけありません。

(폐를 끼쳐서 죄송합니다.)

③ 今後は、同じような間違いを絶対繰り返しません。

(앞으로는 같은 잘못을 결코 되풀이하지 않겠습니다.)

④ 申し々訳ございません。問題は解決いたしましたので、

次の出荷は予定通り行います。

(죄송합니다. 문제는 해결되었으므로 다음 출하는 예정대로 하겠습니다.)

⑤ これはあくまでも私どもの手落ちで、我々の責任です。

(이것은 어디까지나 저희들 실수이라서 우리들 책임입니다.)

⑥ お会いしてお話できる機会を得ましたことを栄光に思っています。

(만나뵙고 얘기할 수 있는 기회를 얻는 것을 영광으로 생각하고 있습니다.)

🚌 참고

※ 失敗(しっぱい): 실패. 여기서는 실수

※ おわびする : 사과하다

※ 迷惑(めいわく)をかける : 폐를 끼치다

※ 間違(まちが)い : 잘못

※ 繰(く)り返(かえ)す : 되풀이 하다

※ 手落(てお)ち : 실수

```
판 권
본 사
소 유
```

척척박사
BASIC 일본어 첫걸음

2019년 9월 20일 인쇄
2019년 9월 30일 발행

지은이 | 유 용 규
펴낸이 | 최 원 준

펴낸곳 | 태 을 출 판 사
서울특별시 중구 다산로38길 59(동아빌딩내)
등 록 | 1973. 1. 10(제1-10호)

ⓒ2009. TAE-EUL publishing Co.,printed in Korea
※잘못된 책은 구입하신 곳에서 교환해 드립니다.

■ **주문 및 연락처**
우편번호 0 4 5 8 4
서울특별시 중구 다산로38길 59 (동아빌딩내)
전화 : (02)2237-5577 팩스 : (02)2233-6166

ISBN 978-89-493-0582-0   13730